圈子·段子 外传
好汉们崛起的秘密

十二叔 ◎ 著

山西人民出版社

图书在版编目（CIP）数据

　　圈子·段子外传：好汉们崛起的秘密/十二叔著. —太原：山西人民出版社，2013.4
　　ISBN 978-7-203-08069-5

　　Ⅰ．①圈… Ⅱ．①十… Ⅲ．①侠客—人物研究—中国—先秦～民国 Ⅳ．①K828.9

　　中国版本图书馆CIP数据核字（2013）第021310号

圈子·段子外传：好汉们崛起的秘密

著　　者：	十二叔
责任编辑：	冯灵芝
图书策划：	亨通堂
出 版 者：	山西出版传媒集团·山西人民出版社
地　　址：	太原市建设南路21号
邮　　编：	030012
发行营销：	0351-4922220　　　4955996　　　4956039
	0351-4922127（传真）　　　4956038（邮购）
E-mail：	sxskcb@163.com　　发行部
	sxskcb@126.com　　总编室
网　　址：	www.sxskcb.com
经 销 者：	山西出版传媒集团·山西人民出版社
承 印 者：	三河市南阳印刷有限公司
开　　本：	880mm×1230mm　1/32
印　　张：	9
字　　数：	200千字
版　　次：	2013年4月　第1版
印　　次：	2013年4月　第1次印刷
书　　号：	ISBN 978-7-203-08069-5
定　　价：	29.00元

如有印装质量问题请与本社联系调换

推荐序

每个好汉都有自己的圈子

好汉，从字面上来理解，指的是"坚强勇敢的男人或者英雄"。

翻开中国历史，好汉可谓层出不穷——除暴安良的侠客可以是好汉，身经百战的将士可以是好汉，仗义执言的君子可以是好汉，气节高尚的文人也可以是好汉。好汉身上不需要有明显的标签，却有着共同的特质，那就是当出现突发事件的时候，他们必然是挺身而出担负责任的主要角色。

时势造英雄。外部环境对好汉的诞生有着很大的影响。从古至今，中国历史上不知涌现出多少英雄好汉，"一个好汉三个帮"，自古以来，在人多资源少的神州大地，要成就一个好汉，离不开他身边的圈子。圈子的联盟者之中，有可能是四公子一类的达官贵人，也可能是"性深阻若城府"、计谋百出的徐茂公、刘伯温一类智囊，更多的是"仗义每多屠狗辈"的草根豪侠，甚至还有甘心借出自己人头的樊於期等极端人物。

春秋战国时期，有一群以刺杀当权者而闻名于世的刺客，他们都有自己的圈子作为后期支持系统，因此，这些猛人们不管结果成功与否，不管动机正义与否，都能一石激起千层浪，并引发一些公共事件。正是有这样的圈子，才能够使荆轲、聂政、要离、专诸等人将行刺这一件事无限放大，当成毕生的使命。而他们虽然流星一般匆匆掠过历史的天空，但是几千年来，一直为历朝历代的普通大众津津乐道，传诵不衰。这种与法统、道统截然不同的另外一种传统，也是中国文化的一类特质。

两汉时期是好汉们最好的黄金岁月，也是他们屡遭围剿的艰难时世。朱家、剧孟、郭解、栾布这种地方强人，亦正亦邪，这些沟通底层百姓与上流贵族的大侠们成为那个时代年轻人的偶像，同时，也是帝王的眼中钉、肉中刺。崇尚暴力的汉武帝正是预见到这群"侠以武犯禁"的特殊人群而一再打击。不过，到东汉末年，大一统的皇权终于分崩离析，遍地豪强割据，若无曹阿瞒强力扫荡，真是不知道几人称孤、几人道寡。这时候，圈子的作用就更大了。刘关张桃园结义缔造的铁三角圈子，成为中国历史上最响亮的义气"品牌"，庙堂与江湖对这种价值观都推崇备至。那个时代的风云人物的圈子故事，有战场之上的战神吕、赵、关、马，有主公身边运筹帷幄的军师诸葛孔明、郭奉孝，更有逐鹿中原的袁、曹、孙、刘诸君。

顺着历史继续往下走，在本书里，继续捕捉那些历史之中隐秘的圈子发挥的作用。我们看到了两晋南北朝不一样的风景：这里依旧有侠客、有壮士，但是更为耀眼的却是聚啸竹林的名士、乌衣巷的王谢之家。他们互相帮衬，又明争暗斗，更多时候是互相对峙，维持偏安的东晋政权的运作。

"十八路反王"、"六十四处烟尘"，这是一个有枪就是草头王的超级乱世。隋唐五代江山轮流坐，好汉年年有。如果没有圈子的力量，一个政治人物，不要说有作为，就连是否能立足都是疑问。本书之中，特地剖析了李克用势力集团的传奇"十三太保"的竞合之道，虽然悲剧色彩浓郁，但是无碍于我们千年之后抹去历史的迷雾为他们喝一声彩。

山东水泊梁山"替天行道"的天罡地煞们……越往后发展，好汉们越发拉帮结派，因地制宜或者因时制宜，组团成各种实力更强的圈子。

大宋朝，是朋党这个政治癌症毒性最烈的时代之一。新旧党之争，汇集了北宋政权最优秀的一群文官的最可悲行径。而本书别开生面，对小说《水浒传》的一百零八将进行外科手术式的解剖，同样对于宋朝的圈子文化有精彩解读。

孤胆英雄固然有魅力，但是理解英雄崛起的过程、发迹的秘密无疑更有乐趣。历史不再是任人打扮的小姑娘，同样是读点历史，我们应该有更新鲜、更深刻的角度。因此，本书从历史长河中、从史书典籍中将曾经的好汉们的圈子、段子抽丝剥茧，展现历史的不确定性与环境的复杂性，将不同时代、不同个性的英雄豪侠放在同一个坐标系下观察，为读者奉献一出关于古代猛人们的人生大戏！

（陆新之于2013年3月）

目　录

第一章　侠客来了

　　自打法家的集大成者韩非子先生给自以为除暴安良的好汉们总结了一个"侠以武犯禁"的名头，先秦时期和秦朝之后数千年的历史当中，还真就没有人逃出这个藩篱。不管是多么高绝的身手、多么高尚的目的，用武力来挑战当权者的权威这一点自古皆然。

　　尤其是春秋战国各自为战的时代，更加难以分辨谁是侠客，谁又是刺客；谁的行为是为国为民，谁的行动是谋逆作乱。用《潜伏》中的情报贩子谢若林的话来说："这里有两根金条，你告诉我哪一根是高尚的，哪一根是龌龊的？"

第一节　最早的刺客圈

先秦是我国侠客史上一段比较特殊的历史时期。在这个特定的时空里，好汉们大多依附于权贵，成为政治斗争的牺牲品。他们为了义气、为了报恩，往往承担起一个国家兴衰的重任，以一己之力，完成行刺贵族乃至国君的大计！

千秋侠客首称曹

"森森戈甲拥如潮，仗剑登坛意气豪。三败羞颜一日洗，千秋侠客首称曹。"这首颇有霸气的七律是称颂一个从将军到刺客的好汉——曹沫。按照太史公的说法，这位鲁国的大将军打仗并不在行，曾三战皆败。但他曾在两国国君谈判期间，挟持齐桓公，夺回齐国吞并鲁国的失地，立下大功。如果不看过程只看结果的话，曹沫也算得上英雄。

在大家的印象中，从事侠客这个行业的人大都是无业游民，无牵无挂走江湖，路见不平一声吼，多么自由自在。可是司马迁在为游侠立传的时候，首先想到的竟然是一位将军，一位在战场上失败而在谈判桌前绑架成功的另类将军——曹沫。

曹沫的故事发生在2700多年前的春秋时代，那个时候珍贵的竹简和青铜器还不是古董，只是贵族世家的生活用品而已。周天子早已经失去了号令天下的威风，各方诸侯各显神通，凭各自的本事扩展地盘，党同伐异。

在如今山东省的地盘上就有齐国和鲁国两个国家时不时恶战一番。鲁国是周公旦后人的封地，而齐国则是姜太公的地盘。这两位贤人在世的时候关系不错，时常能坐在一起磋商一下治国的方案。可是越往下传，子孙之间的隔阂就越大，到了周天子被西北的武装力量暴打一顿，将都城从镐京迁到洛邑之后，齐鲁之间已经势若水火了。

这一年，是鲁庄公当家。这个庄公比较倒霉，源于他的家庭环境比较复杂。首先他妈是大名鼎鼎的美女文姜，与他的舅舅齐襄公大搞兄妹恋，他可怜的父亲鲁桓公就死在了他妈妈和舅舅的毒手之下。其次，他有哥哥叫庆父，没错，就是"庆父不死，鲁难未已"中臭名昭著的庆父。有这样的亲人在侧，鲁庄公总是闷闷不乐。

家庭不幸，鲁庄公转而追求事业。他发现并破格提拔了一个勇猛无比、力大无穷的人做大将军，这个人就是曹沫。据此估计，曹将军应该是项羽、樊哙这样的猛人，但是不少学者引经据典证明本文的主人公曹沫和中学课本收录的《曹刿论战》中的曹刿是同一个人。这就有点奇怪了，一个是谋臣、一个是武将，不搭边啊！难不成曹沫是一个文武双全的绝世奇才？

可是看看曹沫领兵打仗的记录，我们就唱好不起来了。他曾三次带领鲁国大军与齐军兵戎相见，三战皆败。看来，"不想当将军的士兵不是好士兵"，但"没有当过士兵的将军也未必是好将军"啊！不过鲁庄公是一位好领导，他用人不疑，曹沫三败他都没有问责，还把其他弹劾的意见压了下去。鲁庄公的力挺，也为曹沫在战场之外悍不畏死绑架齐国国君的壮举埋下一个大大的伏笔。

有人纳闷，如果曹沫真有项羽、樊哙那样的武力值，怎么会接连败绩呢？当时齐国的带头大哥又是何方神圣？这个问题问得太有水准了，齐国的当家人是春秋五霸的第一霸主齐桓公姜小白，宰相是大智近妖的人物管仲管夷吾。这一对君臣组合不光大败鲁军，同时代的诸侯国们听到这两个名字都闻风丧胆。摊上这样可怕的对手，不能怪自己不会打仗，只能怪自己生不逢时。

自古以来，打了败仗最常见的就是"割地"、"赔款"两种对策，都不愿意接受的话，那对不起，等着屠城灭种吧。于是，鲁庄公在曹沫三败之后与齐桓公约好到一个叫"柯"的地点结盟，签订"停战协议"。没办法，胜者为王败者贼寇是历史的铁律，没有人能够例外。

吉时到了，齐桓公和鲁庄公都是一身正装，肃穆无比地坐在签单台两侧，郑重签下自己的名字，又让助理盖上了玉印。

两国的史官都在奋笔疾书，共同见证这个历史性的时刻。齐国的史官写道：鲁国元首鲁庄公受我国元首齐桓公的邀请，到齐境进行国事访问。双方领导人在亲切友好的氛围中就两国关系进行了深入交流。鲁庄公表示双方会晤结束之后还要与齐国签订一系列经济合作项目，以及无偿提供两国边境某些土地使用权若干年。

正当两国元首起身，打算共同祭拜周朝宗庙的时候，曹沫却迅猛地冲了上来。旁人只看见人影一闪，一把明晃晃的匕首就顶在了齐桓公的颈间大动脉上。

齐桓公大惊！这个莽夫会要我的命吗？

鲁庄公也是大惊！曹将军有计划怎么不事先通知寡人一声，好让寡人有个心理准备啊！

管仲本来想叫侍卫冲上去，略一思索就叫停了。他知道对方如果安排的是刺客，那么匕首不应该架在脖子上而是刺入心脏。照目前的情况来看，他是绑架人质有所求，而非丧心病狂要杀人了。

想到这儿，管仲稍稍松了一口气，问道："你想要什么？"

齐桓公小白看着闪着白光的刀剑，一阵眼晕，干脆闭上了眼睛，交给管仲处理。

"我想要什么，还用问吗？你们齐国欺人太甚了，让我接连吃了三次败仗，你让老子以后怎么在军队混下去？如今你们又强迫我们割地赔款，你让我们怎么活？要地还是要命，你们自己掂量着办！"曹沫大吼道。

"当然要命！"齐桓公对自己的性命还是很珍惜的，他对管仲说："小管，你把刚才签的合同还给庄公吧，刚才是个误会。还有那个谁，刚才做的会议记录删了吧，就当什么都没发生过。"发号施令之后，齐桓公小心翼翼地问后面的大汉："曹将军，您看这样处理行吗？"

曹沫匕首一扔，很潇洒地拍了拍手，回到了刚才的队伍中间，好像什么事都没发生过一样。这份从容、这份淡定让鲁国来的随员们都捏了一把汗。大哥，这里还是人家的地盘呢，您怎么这么早就把人放了呀，最起码得挟持他护送咱们到边境才是啊！众人感叹，曹将军真不是做刺客的料！不过他刚才扔匕首的那个动作真是帅呆了。

齐桓公的危险一解除，马上招呼自己人过来，他要反悔了。刚才性命被别人拿捏着，答应曹沫只是权宜之计。如今在自己的地盘上被战败国的败将侮辱，以后怎么抬头做人？如果齐桓公真的食言，不但曹沫的计划失败、鲁国的土地照样交割，就连这群前来参加"签约仪式"的外交大臣们恐怕老命都得留在齐国了。

关键时刻，管仲说话了。他拉住盛怒的齐桓公，直谏说："夫贪小利以自快，弃信于诸侯，失天下之援，不如与之。"

作为下属，管仲真的是太称职了。他为老板分析了当时的状况，简而言之，"您是要眼前的小利还是长远的大利？现在把鲁国来使们都杀了不费吹灰之力，但是您就会失信于天下了。如果您信守诺言，那么将来得到的绝不仅仅是小小的鲁国"！

小白毕竟是优秀的政治家，他明白一时的面子与千秋功业相比太微不足道了。他听从了管仲的建议，将"曹沫三战所亡地尽复予鲁"。之后还大大方方地把鲁庄公一行送到了边境。

曹沫的举动看似莽撞，结果却实现了双赢。鲁国拿回了曾经失去的国土，而齐国则因为齐桓公的"重信守诺"引得各国诸侯佩服不已，"皆信齐而欲附焉"，可谓名利双收。没过几年，齐桓公成为春秋时期第一位霸主。

曹沫以一己之力，敢于在外交场合劫持当时超级大国的一号首领，这份胆略、这份气魄有几人能比？他能劫持成功，还能全身而退，这在春秋战国时期所有的刺杀行动中是特例。或许是受到曹沫的影响，才有了荆轲、蔺相如等人前赴后继的"恐怖"行动。

这样的刺客很专业！

吴王阖闾，这个威名赫赫的中兴之君在攀折权势的途中，至少在两次关键时刻起用了刺客。幸好两次派出的死士都不辱使命，为阖闾的春秋霸业奠定了基础。这两位死士的名字并不响亮，他们一个叫专诸，一个叫要离。引荐这两位死士与吴王阖闾相见的是同一个人——一代名将伍子胥。

以后世的眼光来看，伍子胥的心智、谋略、武功都是一流的，但从他隆重推荐了两位对吴国国运产生巨大影响的刺客事件上不难发现，他本身还是一个相术大师。

　　这位伍子胥先生并不是土生土长的吴国人，他本是楚国的世袭贵族，前途无量。公元前522年，楚国的国君吃错了药，突然怀疑伍氏父子谋逆，遂斩杀了伍子胥的父兄。他一路狂奔，逃到了东海之滨的吴国。当时，楚国强大，论武力、论财力都比吴国高出好几个档次，伍子胥本以为他的到来会让吴王僚倒履相迎。可是吴王僚仿佛不知道"外来的和尚会念经"，并没有对其青眼有加。

　　伍子胥在郁闷之中，和一个杀猪的壮士专诸成为好友。他亲眼见过这位虎背熊腰的"万人敌"在市井间与人打架的气势，也知道这位外表粗豪的汉子是个大孝子，这才有意与之结交。与专诸大碗喝酒、大块吃肉的闲暇间，伍子胥慢慢发现不得志的吴国公子光是一个值得拉拢的对象。

　　"专诸老弟，不瞒你说，我时时刻刻都想杀到楚国去，为我死去的父兄报仇雪恨！"伍子胥每每吃过专诸亲手烹制的猪肉之后，口腹满足之际就会莫名的忧伤。

　　"伍兄，我是个粗人，承蒙你不嫌弃，天天与我吃酒。这样吧，我帮你料理了楚王那个老匹夫，如何？"专诸热心地说道。

　　内室传来妻子略微不满的咳嗽之声，专诸赶忙噤声，不敢就杀人的话题继续下去。

　　伍子胥不以为意，他早就知道专诸天不怕地不怕，偏偏惧怕老娘和老婆两个手无缚鸡之力的女人。就是这一点赤子之心才让他放心与之交往的。一开始他也曾像其他喜欢八卦的人一样与专诸讨论过"怕老婆"这个亘古不变的话题，得来的却是对方一句大义凛然的"能屈服在一个女人手下的人，必能伸展在万夫之上"。有了这句话，更让伍子胥认定专诸必是对自己大有助力的人才。

他来到吴国的这些日子，一直在留意吴国王室的情况。不留意还不打紧，一留意却了解了不少内幕，伍子胥笑了。

原来吴国的王位继承颇有意思，最早是公子光的老爸诸樊当政，他有一个儿子三个弟弟，这四个人都有继承王位的权力。诸樊最中意的是四弟季札，但他没有直接传位给季札，而是自以为高明地把王位传给了二弟，并要求二弟坐够了传给三弟，三弟坐够了传给四弟。这种做法在为了争太子之位恨不得杀兄弑父的人看来，太不可思议了。这个传位大法到了他三弟夷昧临死的时候出了麻烦，他四弟季札不知道出于什么考虑，打死也不登基。夷昧只得传位给了自己的儿子，也就是吴王僚。

这下公子光不干了。他是老大诸樊的儿子，当然对此愤愤不平了。在他看来，如果兄传弟的话，四叔继位他无话可说。可是如果父传子，那么他是诸樊的儿子，应该传给他才对，凭什么三叔的儿子要居他之上。有了这种芥蒂，伍子胥要趁虚而入就容易多了。

一来二去，公子光和伍子胥达成了密谋，只有除去吴王僚，两个人才能实现各自的愿望。吴王僚春秋鼎盛，不会无故暴毙，那就找一个合适的人在合适的机会干掉他吧。专诸在这种情况下出现在公子光的面前。

公子光听了伍子胥的意见，对专诸礼遇有加，对专诸的母亲更是尊重。他每天都去给老太太请安，隔三差五就送点补品过去。专诸那是看在眼里，记在心上。公子光向专诸透露自己的堂弟吴王僚最喜欢吃烧鱼，如果能够在这个方面动动脑筋，成功的把握就大一些。

专诸原本杀猪的时候就善于烹调猪肉，有良好的大厨基础。这次他专门去太湖边学习烤鱼的技巧，做出来的烤鱼香味四溢，令人馋涎欲滴。公子光得到了一把铸剑大师欧冶子锻造的精巧短剑，将它交到专诸的手上。与烤鱼打了几个月的交道之后，专诸看什么都像鱼，干脆给此剑一个新名字——鱼肠剑。他不知道，鱼肠剑的威名将会随着自己接下来的行为成为名垂青史的勇绝之剑。

这一天，公子光设全鱼宴邀请吴王僚做客。彼时，吴王僚对公子光的小动作已经有所察觉了，于是他身披重甲，带着隆重的侍卫团参加了宴请。当时还没有"鸿门宴"的叫法，但这场宴会确确实实是公子光为堂弟准备的最后一餐。他在席间假装扭伤了脚踝，退了下去，换了藏在暗室中的专诸端着香喷喷的烤鱼上来。

正当吴王僚准备大快朵颐的时候，烤鱼师傅忽然动了。他拆鱼、拔剑、行刺一气呵成，没有任何悬念，吴王僚挂了。虽然他重甲在身，虽然他侍卫在侧，奈何专诸的动作太快，鱼肠剑太过锋利。假使后辈荆轲能有专诸一半的速度，或许历史就会改写。

没有假使了，专诸一击得手，马上被反应过来的侍卫们扎成了刺猬，连一句遗言都没来得及留下。想到行刺之前公子光"我身既尔身"的承诺，专诸死得很瞑目——自己只是一个平凡的屠夫，但是因为结交了伍子胥、公子光这样的贵族，母亲得以风光大葬，儿子将会拜为上卿，自己还有什么不满足的呢？

　　果然，吴王僚死了之后，公子光摇身一变，成为春秋五霸之一的吴王阖闾，专诸的儿子果然得到了重用，而专诸的骸骨也被收在"专诸塔"中享受着后人的香火。

　　可是吴王僚虽死，他的儿子还在。据说这位叫庆忌的王子神勇异常，比他爹还要难对付。

　　很多人都信誓旦旦地说庆忌能生裂虎豹、拳毙惊马，此人曾遭遇过一次暗杀，但刺客射来的满天箭雨都被人家抓在手中，生生把刺客气得吐血而亡。有这样的猛人做对手，吴王阖闾神经再大条，也是寝食难安。这回他算是明白了为什么四叔季札会坚辞不受这个王位，原来不是不喜欢做国君的感觉，实在是有庆忌这样的人虎视眈眈，做国君都是食不甘味啊。

　　"既然堂弟都杀了，也不在乎再多一个索命的亲人，还是找人把庆忌做了吧。"阖闾郑重地找来伍子胥，请他再帮忙物色一个刺客。毕竟自己的王位来得不太光彩，他不敢把这样机密的事情交给本国人来做。

　　伍子胥办事效率就是高，没过几天就领来一个瘦小干枯的人对吴王说："这就是我为您找到的勇士——要离！"

　　"噗！"正在喝茶的阖闾很没风度地将刚刚入口的甘露吐了出来。"先生是在和本王开玩笑吗？"阖闾说。

　　"不敢。要离确实是我认为最适合执行任务的勇士了，大王。"伍子胥毕恭毕敬，半点开玩笑的样子都欠奉。

　　而要离则是古井无波，极有武林高手的风范，对吴王的蔑视视而不见。活了这么多年，他早就习惯被别人以貌取人或者选择性地无视了。是的，自己只是一个普通的渔夫，既不高大也不魁梧，与大人物心中威风凛凛、杀气逼人的英雄画不上等号。但是他们以为只有外表拉风的人才能杀人，看来还真是"肉食者鄙"。后世的特务机构付出了很大代价才明白，越是貌不惊人的人才越有可能成为一名出色的刺客。

要离对自己的智谋和武功都很放心，他也相信伍子胥肯定能说服吴王，给自己一个改变命运的机会。不要怪他的功利心，"人往高处走"不过是本能的驱使而已。要知道春秋和战国的区别在后世看来不过是时间早晚的问题。但是对于要离来说，春秋时代还处在奴隶制社会晚期，小人物想要出人头地怎一个难字了得？

如果孔圣人早出生100年就好了，自己还可以到那里登记一下姓名成为圣人门生，如今，只有凭自己一腔热血为自己、为家人博一份美名了！

本国不是出了一个专诸吗，他和我水平相当、身份相当，虽然没有一起喝过酒，但要离一向将专诸引为知己的。虽然前辈身已死，但是能凭一己之力与国君共谋大事，这是多大的荣耀！他也要出名，也要封妻荫子，让自己和专诸前辈一样成为圈中人的传奇。

要离沉浸在自己即将为国君赴汤蹈火的梦想中，与此同时，伍子胥拉着吴王到了后室，苦口婆心地劝解起来。谁让自己家破人亡从楚国跑了出来，如今与阖闾这家伙绑在一条船上？不得不打起十二分的精神扶持阖闾坐稳屁股底下的王位。

伍子胥心说，上次要不是哥们把专诸推荐给你，你能杀了吴王僚登上王位吗？如今竟然怀疑我的眼光！尽管对阖闾的相人眼光很是不满，但伍子胥还是很敬业地把关于要离的段子一一道来。故事讲完之后，阖闾对要离的印象大为改观，马上提出要与这位勇士共进晚餐。

说起要离的传奇色彩，一点儿也不比专诸逊色。别看他先天不足，身体发育上受了限制，但是圈内人都知道要离可不好惹，这个人的隐忍狠辣非常人可比。当年东海勇士椒丘䜣来吴国耀武扬威、不可一世的时候，正是其貌不扬的要离为吴国的江湖好汉们争了口气，大挫了此人的威风。他当众羞辱了椒丘䜣，还预言椒丘䜣当晚必定来杀自己泄愤。

要离回家之后就让老婆把门窗都打开，专门候着椒丘䜣。果然，椒丘䜣来了，还把利剑横在要离的脖子上。但是要离面不改色，依然像白天一样大骂对方，一番强硬反倒使得椒丘䜣心服口服，干脆自刎于要离面前。这个段子虽然没有显露出要离的武力值如何，但他的骂功和勇气可见一斑。

正是这个段子，让阖闾收起了他的轻视之心，转而与要离进行"友好协商"。一个为了巩固自己的地位，一个为了提升自己的地位，两个人谈得还算愉快。没有人能够想象在表面愉快的协商中，阖闾和要离制定了一个怎样变态的苦肉计。

会谈之后没过两天，阖闾正式邀请要离出席宴会。喝得脸红耳热之后，要离提出要与国王切磋一下剑术。一切磋不要紧，要离竟然"不小心"用竹剑刺伤了阖闾的手腕。这还了得，看到国君手腕上滴出鲜血，要离吓傻了。阖闾命人砍下要离的右臂抵罪，还派人捉了他的妻儿，管杀不管埋，直接将尸首扔到大街上，名曰"弃市"。这下，全国都知道要离恨死了吴王，所以当独臂要离历尽艰辛逃到庆忌身边的时候，没有引起对方丝毫的怀疑。毕竟后世的"周瑜打黄盖"不过是皮肉外伤而已，哪有这样自残躯体还搭上家人性命的狠人？

庆忌与要离同仇敌忾，二人都视吴王阖闾为最大的敌人。几个月之后，庆忌讨伐吴国，开头的几场仗打得很是顺利。庆忌一高兴，就提出在太湖的战舰上举行一场欢宴，小庆一下眼前的胜利。

要离知道，自己的机会来了。那一天有风，要离很自然地起身坐在了上风口，做出为庆忌挡风的殷勤举动。有人偷笑，就凭要离二等残废的身高还要为高富帅的庆忌挡风，当真是不自量力。趁庆忌端起酒杯的一瞬间，要离突然发难，用残存的左臂用力刺向庆忌胸膛。要离在未失右臂的时候，搏击之术在吴国也排得上名号，但是他现在以残躯袭击吴国第一勇士，哪怕是趁人不备，成功的可能性也并不大。果然，胸口中剑的庆忌把要离像拔萝卜似的倒提起来，浸到水中，似是要他醒醒脑，为什么会做出行刺的愚蠢举动。如此反复了几次，才把刺客扔到船舱之上。左右拥上来，要将要离碎尸万段，庆忌却和赵襄子一样大度地表示："放了他吧，成全他对吴国的忠义吧！再说难得有勇士敢对我行刺！"

庆忌有赵襄子的胸怀，却没有人家的幸运。放掉要离之后他因为失血过多也倒下了。

要离踉踉跄跄回到了吴王身边，所有人都以为这个其貌不扬的家伙终于能够扬眉吐气了。阖闾也拿出了足够的诚意，说要给要离一块封地，让他再续娇妻美妾，后世子孙可以做世袭的领主。对于要离来说，妻儿因己而死，如今已经完成使命，真要接受吴王的封赏，自己不就成了踩着亲人的尸骨上位的无耻之人了吗？

罢罢罢，我还是赶紧去阴间向妻儿赎罪吧，现在去，也许还来得及。要离没有在众人的白眼中接受封地，而是在金殿自刎，成全了自己行刺庆忌并非贪图权贵的名声。吴王命人将要离的坟墓立在专诸旁边，这两个人生前没有交往，死后可以好好交流交流了。可是专诸有做了大官的后人年年来祭拜，还有几个人记得要离是谁呢？

做刺客就要对自己狠一点

说起晋国的来历挺有意思，这事得从周天子的家长里短谈起。当时周成王还小，有叔父周公旦监国，他最大的乐趣就是吃饱喝足之后带着几个弟弟一起在院子里过家家。

一天，成王看见梧桐树的叶子有点像玉圭，他就学着朝堂之上叔父的威仪，将树叶赐给三弟，大方地封赏了弟弟一个唐国诸侯的显职。弟弟倒也乖巧，非常配合就"谢主隆恩"了。本来两个孩子谁都没当真的玩笑却被周公旦知道了，这个史上第一位"摄政王"搬出了"君无戏言"的大帽子，没办法，成王只好举行了一个册封仪式，兑现了承诺。

唐叔虞的封地就是今天的山西。他在世时称为"唐国"，后来被儿子改为"晋国"。只要是国家，肯定有过短暂或者稍微长久的辉煌。而晋国的权力就在晋文公重耳的手中达到了巅峰，能"以诸侯而立天子"，直接参与周天子的废立大计。

盛极之后，晋国国君的权力也逐渐被架空，有了"六卿"掌国的局面。六卿者，韩、赵、魏、范、中行及智氏是也。"三家分晋"在史学家眼中是一件影响天下格局的历史事件，但是在智瑶与赵襄子之间有一个小小的关于报恩与刺杀的小段子却成为很多文人眼中极佳的素材。

那一年是周贞定王十七年，距今已经过去了2400多年了。一个换了三份工作的职业"食客"即将谱写出一段比六卿夺宫更为惊心动魄的刺杀故事。

故事的主人公叫豫让，他们家祖上都是喜欢弄枪舞棒之人，性格内向而偏激，一旦认定的事情，十头牛都拉不回来。知道他这个性格，就不难理解他后来的所作所为了。

豫让没出来混社会的时候，很想像祖先一样成为国君的安保人员，既威武又实惠。他辛辛苦苦学艺下山之后，发现世道变了，想找份里外都有面子的工作实在是太难了。没办法，梦想只能束之高阁，他投身到了轰轰烈烈的求职大军中。

经过一番明争暗斗，豫让使出了十八般武艺之后，被六卿中的范氏录取了。可人家只给了他一个"弼马温"的工作职位，让他专门伺候老爷们的坐骑。他觉得很受辱，干了没多久就撂挑子不干了。

　　他的第二份工作是在中行氏的府上谋得的。这一次的待遇提高了不少，做了一名能骑马的小尉。但是，豫让还是觉得不满意，区区小尉离自己的目标还差得很远。没过多久，他又辞职了。

　　豫让认真总结了前两次职场失意的原因，发现如果不能在老板经常出没的区域露脸，工作再努力都是浪费。他决定这次一定要好好把握机会，让老板赏识自己。他的新主子是晋国六卿中实力最强的智氏，家主智瑶还真是很有眼光，对豫让很是器重。当然，这份"器重"很有可能是豫让一厢情愿的看法，智瑶是个很有魅力的领导，一句肯定的话或者一个赞扬的眼神都会让年轻人生出　"士为知己者死"的冲动。总之，豫让认为自己遇上智瑶就像良禽遇上了可以择而栖之的良木一样可喜。

　　史书上说智瑶（也叫荀瑶、知襄子）不但"高富帅"，而且才艺也相当出众。他弓马娴熟、能言善辩、相貌堂堂，是很多家臣的偶像。豫让就是智瑶的粉丝之中最铁杆的那一个。豫让看不出来的是智瑶内心刚愎自用、心狠手辣，是典型的"腹黑男"。

　　公元前475年，智瑶成为晋国的"轮值主席"，他准备利用上任的机会将韩赵魏三个家族逐一吞并，独占晋国（此时范氏、中行氏已经被灭掉了）。赵国的赵无恤（即大名鼎鼎的赵氏孤儿的后人，也叫赵襄子）的情报工作很到位，很快就知道了智瑶的"阴谋"。他提前联系了韩、魏两家，一手策划并主演了"三家分晋"的历史大戏。

赵无恤也是猛人一个，杀了智瑶这个人还不算完，竟然将智瑶的头盖骨打磨成容器，放在室内观摩。坊间就传出赵襄子每天拿着人头喝酒取乐以及用智瑶的头颅做小便器的两种传闻。不管是哪一种传闻，都是绝对的重口味，可见他对智瑶恨之入骨。

智伯和赵襄子两个人的仇恨也是孩子没娘，说来话长。

在赵襄子还是赵无恤的时候，也就是继位之前，曾与智瑶一同率兵出征。智瑶酒品不好，自己喝多了就强灌赵无恤喝酒，不但强灌，还动手打了人家。这一件事让赵无恤怀恨在心。后来智瑶当家之后，一心成为晋国第一家，因此对威胁最大的赵氏的打击不遗余力。他总是挑一些小毛病来考验赵襄子的忍耐力，逼得对方渐生反意。智瑶故意向赵氏索要两块封地，说是要交给公家。赵氏当然不同意，那就打吧，用拳头说话。

韩、魏两族的人本来想做墙头草，看看情况然后伺机而动。智伯不给他们观望的机会，内战一开始，就把两家拉下水了。

智伯率三家围攻赵氏固守的晋阳城，本以为胜券在握。谁想到赵襄子的晋阳城固若金汤，被围攻了两年也没拿下。当然，不能排除韩魏两族的人出工不出力的可能性。赵襄子一面抵抗，一面派人出城与韩、魏两家的家主沟通，给他们灌输"狡兔死，走狗烹"的思想。两家的思想工作做通了，赵家避过了灭族之祸。

多年的积怨喷发出来，赵襄子收藏智瑶的头颅也算情有可原了。

　　智瑶被灭族了，他的门客们也都逃得一干二净，另谋出路了。只有一个豫让很死心眼，一心要为主人报仇。在豫让看来，赵襄子这个匹夫竟然把自己主人高贵睿智的头颅当成夜壶来使用，是可忍孰不可忍！他将赵襄子作为第一复仇对象，内心充满仇恨！

　　有朋友知道了豫让的想法，就劝他假装投靠赵襄子，然后再伺机报仇，成功率一定很高。可豫让听了这条建议，认为朋友是在"侮辱"他。如果他以这种龌龊的方式使得智伯大仇得报，怎么有脸去见地下的主人？因此，当其他刺客以完成刺杀目的为最终目标的时候，豫让在没有任何人逼迫也没有任何人协助的情况下，坚持以"国士"的方式来报答智伯以"国士"对待自己的恩德。

　　他挥刀自宫为阉人，隐姓埋名混到赵国的封邑做了一名扫厕所的杂役。这个人对自己真是狠，狠得令人同情，也令人害怕。

　　他每天晚上都打磨一把匕首，时刻不忘饱饮敌血。据说，豫让的匕首被他天天贴身揣着，已经能领悟主人的思想了。有一天，刀尖隐隐有血光流动，豫让想起神兵利器饮血之前必有异兆的说法，知道机会来了。

　　这天，赵襄子内急，刚巧就进了豫让负责清扫的一间厕所。这位仁兄刚刚坐到马桶上准备放水，忽地感到一股杀气。对于赵襄子这种枭雄来说，预先嗅到危险来临并不奇怪，他只是纳闷是谁要对自己不利呢。他顾不得提裤子，就疾呼侍卫过来搜查厕所，结果发现了一脸义愤的豫让同学。

　　赵襄子早就听说过豫让的大名，他的情报人员一直没忘提醒他这位智瑶的"死士"还没有落网呢。侍卫打算送豫让去西天和旧主见面，豫让也是一副视死如归的倔犟模样。他隐忍了许久，还没行动就被人家揪了出来，岂是愤懑两个字就能形容的。他将匕首转向自己，大呼："大丈夫行事恩怨磊落，复仇无门，唯有一死！"赵襄子却挥挥手，示意手下把他放了。

　　"这样感念旧主的人倒称得上忠义二字，我若杀了他，反倒成全了他的美名。还是放了他，让他去吧。"其实不到非死不可的时候，谁不愿意苟且偷生呢！果然，赵襄子下令释放让豫让暗自松了一口气，他有点佩服赵襄子这个人了。豫让像执著的灰太狼一样，对赵襄子说了一句经典台词："等着，我还会回来的。"

　　他认为自己刺杀失败的原因是容貌仍在而被人认出来了。这一次他对自己更狠，他吞下火炭，让声音变得嘶哑难听，并用火漆涂抹身体，让外貌愈加丑陋。这样还不算，为了改变自己"国士"的气质，他整天和乞丐们混在一起，学人家衣衫褴褛、畏畏缩缩的样子。

　　有一天，他老婆上街从他身边经过，也没有认出眼前又脏又臭的乞丐就是自己那整天不着家的夫君。其他乞丐在不经意间对上豫让的眼睛时，才会猛然警醒：这个人"非我族类"。用一句很老套的话来形容就是"如果眼神能杀人"，那赵襄子早就死了一百回了。可惜，赵襄子没有理会一个流落街头的乞丐，人家在自己的宫殿日理万机，偶尔怀念一下智瑶这个昔日对手。身份之间的巨大鸿沟让豫让飞蛾扑火般的刺杀之路变得更加曲折。

丐帮素来是传播小道消息的最佳渠道，何况是存心打听一个名人的动向。豫让终于等来一个绝佳的刺杀机会——赵襄子要出来狩猎了，赤桥是他的必经之路。豫让早早就来到桥下隐蔽起来，等着赵襄子的车队。按照郭德纲的说法："天是冷的，桥是冷的，水是冷的，这个人的心也是冷的。"他只有一双眼睛是热的，燃烧了仇恨的火苗。此时，仇恨纯粹变成了支撑豫让活下去的精神力量，至于仇恨对象反倒不重要了。他无数次想象自己手起刀落赵襄子人头落地的血腥场面，抑制不住地兴奋起来。

赵襄子来了！

豫让听到了"车辚辚，马萧萧"，听到了侍卫们低沉的御马之声，甚至听到了坐在车上的赵襄子的轻笑！忽然间，赵襄子奇异的第六感再一次救了自己，暴露了豫让。不仅是他，连为他驾辕的骏马都像是有所察觉，任凭车夫怎样呵斥都不再前行一步。

"豫让，一定是豫让！"赵襄子马上想起了那个在厕所中拿着匕首准备刺杀自己的死士。这时一个黑衣人手持匕首向自己的车驾奔来。很快赵襄子手下的卫队就制伏了光天化日之下前来行刺的人。这是豫让吗？这是那个睥睨天下、国士无双的豫让吗？这是那个忍辱负重、一心为旧主复仇的豫让吗？

赵襄子对豫让的忠义很是敬重，但越是这样的人对自己的威胁也就越大。他就地召开了一场别开生面的记者招待会，允许自己的卫士们向豫让提问。豫让虽然衣衫褴褛，但是神情一如王侯，他整了整身上的破衣裳，安然坐下，接受提问。

"请问豫让先生，我听说你不仅做过智瑶的门客，范氏、中行氏也都是你的旧主。那你为什么不替他们报仇呢？"第一个问题就很专业。

"没错，智伯是我的第三个老板。但是他却是第一个把我当做人才来培养的伯乐。范氏、中行氏目光短浅，看不出我是一匹千里驹，把我当成普通人来对待，他们死了，我当然以普通人的身份来对待他们。智伯不一样，他是以国士来对待我的，所以我当然要以国士来报答他！"豫让的回答有理有据、声情并茂，真是一个合格的新闻发言人。

"我们主人已经饶恕你一次了，你为何还不悔改？"

"赵襄子不但杀了我老板，还拿他的头颅当夜壶，我当然要刺杀他，至死方休！"豫让高傲地回答。

"你死到临头了，请问还有什么未了的心愿吗？如果你提出和家人见一面之类的请求，我们主人可以考虑的。"

"我别无他求，只恨未能杀了赵襄子。我恳求借赵襄子的一件衣衫，让我刺上一剑，豫让当死而无憾。"

赵襄子坐在车上，将这些对答听得清清楚楚。他让手下拿一件自己的常服递给豫让。豫让拔剑击衣，连刺了三下，才稍解心头之恨。做完这件事，他向赵襄子低头一揖，便横剑自刎而死。

这件事很快传遍三晋。家主们在各自的地盘树起了"向豫让同志学习"的标语，告诫自己的门客、手下学习豫让忠贞侍主的精神。家臣们则开始考虑，目前主人是以"国士"

还是以"下士"对待自己呢？老百姓则是对豫让离奇的故事感兴趣，不遗余力地传扬他的事迹。豫让虽然生在山西，但他死在河北，所以太原和邢台两地都建了"豫让桥"供后人来凭吊。而豫让也成为"燕赵自古多感慨悲歌之士"的首席代表，比荆轲还要早200年。

豫让成为"士为知己者死"的最佳形象代言人。

"豫让桥，路千里，桥下滔滔东逝水。君看世上二心人，遇此多应羞愧死。"

"伤心国士酬恩地，瘦马单衫豫让桥。"

后世人路过邢台豫让桥，总不忘以诗言志，抒发自己对豫让精神的感悟。

豫让的故事是一个自发自愿没有悬赏的复仇故事，一个自残躯体忍辱负重的悲情故事。智瑶并不是仁义道德的好人，赵襄子也不是穷凶极恶的反派，一个叫豫让的刺客却为了智瑶而处心积虑多次刺杀赵襄子。他在用自己的方式诠释什么叫"人以国士待我，我以国士报之"。

又一个悲剧英雄

专诸和要离的魂魄已经散尽，豫让的热血已冷却，轰轰烈烈的战国时代却没有消停下来，依然不断上演着暗杀与被杀的血腥大戏。一个职业侠客即将转业为职业刺客，粉墨登场。或者说侠客和刺客之间并没有清晰的分界线，偶尔互换一下身份也不是什么大事。

与干枯瘦小的要离不同，另一名刺客聂政的面相要好得多。他高大英俊、玉树临风，不但使得一手好剑，还弹得一手好琴。这样的人若是放到现在，恐怕走到哪里都会引起成群女生的尖叫。如果聂政有一个"名爹"，那他绝对是一位翩翩浊世佳公子，谱写风流倜傥的精彩人生。

可惜的是这位帅哥的父亲只是一名铸剑师，更不幸的是铸剑师在儿子还未出生的时候就得罪了一位高官，被腰斩于市了。所以，聂政是个遗腹子，压根就没有见过父亲一面。

小的时候，他就很羡慕别的小朋友都有爸爸妈妈，而自己却只有妈妈和姐姐两个亲人。聂政的妈妈像天下所有坚强的寡母一样告诉儿子，爸爸出远门挣钱去了，很久才能回来。聂政一天比一天长大，妈妈知道瞒不住了，才告诉他："你爸爸早就被人杀死了，我们的仇人叫张睢。从现在起，你练习剑术，准备报仇吧。"

聂政很听话，告别了同龄人喜欢玩的各种游戏，开始苦练剑术。

"十年磨一剑""君子报仇，十年不晚"，有了这样的座右铭激励自己，聂政足足准备了10年。当他认为有十足的把握可以杀掉那个叫张睢的侯爷的时候，他才悲哀地发现人家位高权重，根本不给自己公平决斗的机会。想要替父报仇，只能走"暗杀"这条路。

他花了很多时间打听到这个张睢比较风雅，尤其喜欢听琴。如果能以琴师的身份接近他，行刺成功的可能性会大大增加。唯一的困难就是张侯爷不喜欢听合奏，喜欢独奏，自己想当个南郭先生滥竽充数都不行。为此，聂政又开始学琴，足足三年，才确信凭借自己的琴艺定能登堂入室，接近张睢。

他和后世的高渐离心有灵犀，想到了把剑藏到乐器中的法子。正当张睢摇头晃脑沉浸在悠扬的乐曲声中时，一把利剑从琴匣中抽出来砍下了他的头颅。杀了这样的大人物，韩国铁定是待不成了。聂政按照事先计划好的路线，带着母亲和姐姐到了齐国，隐姓埋名做了一名杀猪屠狗的职业屠夫。

一开始其他屠夫还有点瞧不起新来的这位同行呢。在山东大汉眼中，聂政没有络腮胡子和黑乎乎的胸毛，根本不是圈内人。但是，当聂政露出一手庖丁解牛般的刀功时，他们才感慨着"人不可貌相"四散开去。倒是聂政的摊位前，天天都有大姑娘小媳妇儿拿着铜板来买肉，她们每次要的都不多，恨不得一斤肉分成十次来买，好见识这位壮士挥刀割肉的潇洒动作。

山东这地界民风淳朴，聂政想在这里为老娘养老送终、把姐姐送出闺阁也是不错的选择。自己的杀父之仇已经得报，虽然背井离乡，但过得还算自在。好了，不惹事了，琴剑江湖的那一套玩意儿都忘了吧，我已经不属于江湖了。

他想远离江湖，忘记仇恨，可是却有人千方百计打听到了聂政的下落，请他出山。这个人是韩国的大夫严仲子，并非聂政的旧时相识。原来严仲子与宰相侠累两个人因为政见不合经常在朝堂之上争吵。士大夫虽然也是贵族，但是人家侠累是王室，不是一个级别的对手。严仲子害怕侠累报复自己，不敢在韩国好好上班，自请了一个驻外大使的差事，长期在国外进行"国事访问"。他的心腹知道主人一直在物色合适的刺客，好杀了侠累，免得再受奔波流离之苦。

可是想找一个合适的刺客谈何容易。谁都知道那是九死一生的活，弄不好还要牵累家人。况且刺客是拿钱雇来的，如果人家不讲职业道德，临阵倒戈把自己卖了，上哪哭去？严仲子到齐国访问的时候，从特殊的渠道打听到了聂政杀了张睢那个家伙后躲在这里杀猪卖肉。想起关于聂政的传闻，严仲子决定厚交此人。

他自降身份多次上门拜访，但是聂政总是客气中带着疏离，并没有任何亲近的表示。不过细心的严仲子发现聂政这个人虽然不贪杯、不贪财，对美女的免疫力也很高，但是此人特别孝顺自己的母亲，看来想要打动聂政出山，还要在老太太身上下工夫。

当年吴王阖闾不就是善待专诸的老母才得到专诸这个死士的吗？严仲子对自己的新发现很是满意，以后再来聂政家拜访时，专门带上老太太喜欢的一些小礼品。他曲意逢迎，哄得聂政的母亲很高兴，经常在儿子面前美言这个严仲子先生不摆架子、平易近人，值得深交。老太太过生日的时候，严仲子还送来百两黄金作为寿礼。聂政知道，这个人对自己下了足够的本钱，再不答应的话怕是要"敬酒不吃吃罚酒"了。他就对严仲子说："我不是不想帮你，侠累这个狗官确实该杀。可是家亲在不远游，我也不想让老娘白发人送黑发人。这样吧，如果你相信我，那么等我母亲百年之后，不用你催，我都会去取了侠累的性命。”

得到了聂政的一诺，严仲子长出了一口气。自己的感情投资果然没有白费，看来越是重感情的人越容易收买啊！当然这话他只敢在内心感叹一下，而不敢当着聂政的面说出来。

几年之后，严仲子听说聂政的母亲去世了，马上赶过来帮这位大孝子举办了一场隆重的葬礼。聂政也明白严仲子帮母亲风光大葬只是表面目的，实际上他是来催自己上路了。

看在母亲的晚年得以安享的份儿上，还是履行自己当初的承诺吧。服丧期满之后，他向严仲子告别，说自己要回韩国了。严仲子心中一喜，表面上还是依依不舍地挽留了一番，问聂政需不需要帮手，“侠累那个老匹夫是韩王的亲叔父，守卫森严，我已经失败好几次了。既然你要出马了，我还是安排一队人马给你压阵吧。”

聂政听了这话，一脸的黑线。心说：“怪不得你行刺几次都失败而归呢，既然是暗杀，找那么多帮手干吗？人多手杂反倒碍事，不如自己一人做起来痛快！”有数年之前成功暗杀张睢的经验，还有这些年不断地杀猪宰狗的经验，聂政觉得自己的杀人之技更精湛了。要说还有什么牵挂的话，就是自己嫁到齐国的姐姐了。自己万一暴露了身份，恐怕会牵连到姐姐一家。

什么叫专业刺客，从聂政回到韩国之后的一系列动作就能看出来。他走访调查，掌握了韩国宰相侠累的出行规律，他昼伏夜行确定了侠累的作息习惯，最后定下一个大胆的行刺方案。聂政都能想象出当严仲子看到自己的方案时大吃一惊的模样——他决定放弃夜间暗杀，改为光天化日之下明杀。因为聂政通过多日来的调查发现，侠累这样的人得罪的人不知凡几，所以晚间和出行期间的防备密不透风。所谓"最危险的地方就最安全"，那么反过来说"最安全的地方也是最危险的地方"。聂政就是要在大白天，将侠累杀死在宰相办公室。

那一天阳光极好，还有点微风。按照古龙的说法"这样的天气最适合杀人了，有阳光的照射，有微风的吹拂，血会干得快一些"。聂政按照自己的计划，于正午时分出现在宰相府门前。看到侠累坐在朝堂之上颐指气使的样子，聂政持剑直奔过去，持刀荷戟的侍卫们一时之间竟然没有反应过来。没有任何悬念，养尊处优的侠累被一击毙命。聂政得手之后没能全身而退，他和专诸一样被层层围上来的侍卫们戳成了蜂窝。聂政最令后世武者震惊的是他在临死之前剥去了自己的脸皮，挖出了自己的双眼，还像日本的武士一样剖腹，掏出了腹内弯弯曲曲的肠子……太血腥了，太残忍了，所有的侍卫们都停止了动作。没有人知道这个刺客为什么做得如此决绝。后来有人反应过来，他是怕被人认出来，祸及家人。

宰相大白天在自己的地盘遇刺身亡，竟然查不出凶手是谁，这件悬案成为韩国老百姓最喜欢谈论的话题。每个人都认为侠累是罪有应得，同时每个人也都好奇那个决绝的刺客到底是谁。这件事传到了齐国，传到了聂政的姐姐聂荣的耳朵里。聂荣不忍独活，跑到韩国宰相府门口自杀了。

世人都说聂荣是个奇女子，与聂政可以并称为"聂氏二侠"。笔者也同意聂荣是"奇",不过我好奇的是聂荣已经出嫁好几年了,为什么不留恋自己的丈夫和孩子,反倒为弟弟陪葬呢?哎,女子的心事有时比刺客的行为还要难以捉摸。

史上最著名刺杀团队

2200多年前的一个秋日,奔腾不息的易水河畔迎来一群神色戚戚的男人。后来,队伍分成了两路,一路继续前行,而另一路则目送前面这一路,从这种场面来看,应该是一场"十八相送"。

果然,送行的人群中有一个尊贵的面孔,他是燕国的太子姬丹。只见太子一身白衣,脸色呈现出一种病态的潮红。仅仅是普通的送别的话他激动个什么劲呢?原来,他是在为自己一手培养的"刺秦敢死队"送别,送走了这个刺杀二人组有可能换回秦王的人头,让他如何不激动?

在始皇帝统一六国之前,辽阔的中国大地名义上都是周天子的地盘。实际上的周天子却像那茶几上的"杯具",政令也就是王宫的几个值班人员做做样子听一听。

"客大欺主"是铁律,既然周天子软弱,下边的大小诸侯们就不客气了。于是大鱼吃小鱼、小鱼吃虾米的战争此起彼伏,改朝换代的戏码也在不断上演。经过"优胜劣汰、适者生存"的自然法则洗礼之后,大多数小国都半推半就地抱上了邻近强国的大腿。东部还有六国尚存,而西部则是秦国一家独大。信奉"擒贼先擒王"的国主们纷纷把主意打到了未来的秦始皇嬴政的头上。

对嬴政最为痛恨，必先除之而后快的六国当家人非燕太子丹莫属了。缘何？燕太子姬丹（这个名字够雷人）曾经与嬴政一起在赵国做质子，两个人同病相怜，经常在一起和尿泥，一起憧憬美好的未来。

后来，嬴政在貌似亲爹的大富豪吕不韦的资助下回到了秦国，还在庄襄王死后顺利继位成为秦王。而姬丹就比较悲摧了，从赵国回去没多久，又被老爸送到了秦国，继续过质子的生活。

姬丹本以为嬴政会念昔日的情分对自己高看一眼，可没想到嬴政丝毫旧情都不念。燕太子这个郁闷啊，每天都会无数次地问候嬴政的祖先。他费了一番工夫，从秦国逃回了燕国。这一路逃亡吃的苦头，让姬丹的恨意更加浓烈。嬴政的项上人头成为姬丹最渴望的战利品。如今秦国大军压境，随时都有进犯燕国的可能，那就国仇私恨合二为一，刺秦！

本来"刺秦敢死队"的成员是有四个人的，可惜的是田光大侠已经自尽了，而荆轲口口声声要等的用剑高手一直未到。"形势不等人啊，嬴政那个家伙已经灭了赵国，燕国与赵国交界，谁知道他下一个目标会不会是我们大燕呢？如今我把12岁就敢杀人的燕国牛人秦舞阳配给荆轲打打下手，应该可以成功了吧？"姬丹对荆轲迟迟不行动略微不满，每天恨不得催上三次。

那个高歌"风萧萧兮易水寒，壮士一去兮不复返"的壮汉就是大名鼎鼎的荆轲了。荆轲受不了太子的殷勤探访，决定上路了。可是少了他那位剑术高明的朋友，成功的希望至少降低了三分。他此去咸阳是执行一项特殊的任务，不成功便成仁，没有第三条路可走。

　　"俗话说吃人的嘴软，拿人的手短。哥们如今明知九死一生的结局，我也得硬着头皮上了。"荆轲小声嘟囔着。

　　"荆轲大哥，您在说什么呢？难不成你怕了？放心，有我秦舞阳在，此事定能成功。"荆轲身旁一位年轻人踌躇满志，朝送别的人群潇洒地挥挥手，颇有点明星刺客的风范。这位秦舞阳也算是异类了，年纪不大，命案做了不少。很多人都不敢正视他的双眼，说其中有一股迷离的杀气。也正是这一点杀气弥漫，让他成为燕太子身边的红人。

　　这时，一曲苍凉的乐曲响起来，不用回头，荆轲知道是高渐离来为自己击筑送别了。

　　他想起自己刚从卫国到燕国的时候，举目无亲，就是高渐离收留了自己。两个人意气相投，每天都在一个杀狗的朋友那里蹭吃蹭喝，喝高了就一个击筑一个唱歌，旁若无人。有时候激动了还会大哭一场，农贸市场来来往往买菜人的都暗道："这里有两个神经病。"大学时代曾经抱着吉他站在大操场上弹唱情歌的人估计能体会这种既想出名又不想走寻常路的矛盾心情。

　　高渐离就是燕国本地的民间艺人，击筑的水平无人可比。与荆轲相识之前，他的野心不过是在本国做一流的乐师，成为"国家一级演奏家"就行了。

　　可是认识荆轲后，高渐离的人生轨道就逐渐发生了变化，这一点，他始料未及。这也从侧面说明，圈子虽然是个人有意识的结合，但是一旦圈子形成了，反过来就会对个人产生潜移默化的影响。

荆轲平时很酷，不大爱说话，但是喝多了之后，就会把自己祖宗八辈的事情都絮叨一遍。所以高渐离知道荆轲虽然是从卫国来的游侠，但他实际上是齐国贵族庆封流落到卫国的后裔。他的身体中流淌着祖先稀薄而又高贵的血统，重新得到上流圈子的认可是荆轲最大的奋斗目标。

高渐离还知道，荆轲在游历途中，曾与神剑手盖聂论剑，结果没说过人家，盖聂一瞪眼，他就溜走了。他曾在赵国与一个叫鲁勾践的高手发生争执，被对方大声呵斥，也没有争辩。这两件事，他竭力做得潇洒，想装出不在意，可是每次醉酒之后的大哭，就没有几滴眼泪为此而流？

荆轲又想起了向燕太子推荐自己的田光田大侠，心中五味杂陈，不知是该感激还是该怨恨他。自己确实想做一番大事业，可是在自己没有想好什么事业才是最适合自己的时候他硬是被田光赶鸭子上架，送到了太子丹的面前。

他不知道的是，姬丹本来打算让田光前去执行刺杀任务的，所以对田光异常恭敬，那种逢迎甚至有了低三下四的嫌疑。但是田光以年老体衰为由拒绝了太子的提议，他很老实地说了自己的苦衷："如果20年前遇上太子，您的嘱托我一定万死不辞。可如今本人已经过了巅峰状态，恐怕会辜负太子的期望。这样吧，我再为太子举荐一位勇士吧，他是卫国人，叫荆轲。"

姬丹听到田光的推辞后心里老大不高兴，但是做了多年人质，他最大的本事就是善于隐藏自己的喜怒，那演技足以让奥斯卡影帝惭愧。姬丹面不改色，拉着田光继续喝茶。

"先生为何推荐一位卫国来的游侠？我们燕地多豪侠，难道就没有合适的人选吗？我看夏扶、宋意、秦舞阳这几位壮士都堪大用！"姬丹装作漫不经心地随口一说，没有想到田光的回答让他下定决心一定要拉拢荆轲。

田光虽然年纪大了，但是阅人无数，看人的眼光奇准，放到现在做一家跨国公司的人力资源部经理绰绰有余。他呵呵一笑，为太子丹分析了几个人的特征。这一段话说得实在是太精彩了，乃至后世诗人、学者、小说家都经常拿来原文引用。

他说："我看您刚才提到的几个人都不成。夏扶血勇之人，怒而面赤；宋意脉勇之人，怒而面青；舞阳骨勇之人，怒而面白。光所之荆轲，神勇之人，怒而色不变。荆轲讲义气、轻生死、重然诺，有恩必报，有仇也必报，放浪形骸而又注重精神世界的纯洁，所有的特征都符合您物色刺客的标准。如果您能够用最尊贵的礼节来招待他，相信他会不负所托。"

如果是暗杀，丝袜往脸上一蒙，管他脸色变成什么模样？可是姬丹耍的是阳谋，他要刺客光天化日之下行刺秦王，让六国之人都知道是他们燕国派出的勇士，所以，"怒而色不变"的神勇之人荆轲，在备受田光肯定之后成为姬丹的座上宾。

等到田光临走时分，姬丹看似无心地嘱咐了一句："刚才我们商量的是军国大事，希望田先生注意保密。"这一句话，却要了田光的老命。作为职业大侠，田光这类人最注重的不是生命而是声誉。太子的嘱咐好像是信不过自己啊，田光回去向荆轲转达了太子的意思后，就拔剑自刎了。

荆轲心里门清，田光自刎固然有对太子不信任的抗议，更多的还是在激励自己一定不能放过这个一举成名的机会。如今终于熬出头了，终于用不着在闹市中装疯卖傻了。有太子丹的求贤若渴，有田大侠的以死相"荐"，于是，古往今来最富盛名的刺客隆重登场了。

他很快就从高渐离的蜗居搬了出来，住进了燕国的五星级大饭店。他的身份也从自由职业者变成了燕国的上卿。美女、美酒、宝马、宝剑，随他开口。太子丹每天都去探望，嘘寒问暖，比对自己的老子还要恭敬。

在豢养荆轲期间，太子丹做了两件比较变态的事情，那就是将千里马的心肝和美女的素手用盘子端上来让荆轲享用。虽然一想起此事，荆轲就是一阵恶心，但他更清醒地意识到自己已经被太子丹绑到一条绳上了，别无他路可走。

如果说秦王、燕王、赵王、魏王、楚王这些国君之间有一个看不见的圈子，牵绊着他们时而合纵时而连横，那么每一个国君与臣下之间、门客与门客之间也都是一环套一环的大小圈子。鸡鸣狗盗之辈能成为主人的救命稻草，仗义屠狗之辈能成全主人的一腔豪情。以此类推，同为游侠的好汉们更是惺惺相惜，互为知己。

荆轲又想到了临行之前向樊於期将军借脑袋的情形，他决定哪怕为了田光和樊於期的死，也要努力完成这次的使命。樊於期因为得罪了秦王而"叛逃"故国，来到了距秦较远的燕国投奔姬丹。所有的人都劝太子不要收留这颗定时炸弹一样的樊将军，可是太子不听，反而好吃好喝款待他。

荆轲找到樊於期，成功说服樊将军主动自尽而死，将脑袋心甘情愿借给他做道具。足见荆轲的口才很了得，而樊於期的勇气更是可嘉。

现在荆轲提着樊将军的脑袋匣子，秦舞阳带着藏有锋利匕首的督亢地图，二人已经走出很远了，他们回头，已经看不清送别人的脸颊了。荆轲有些伤感，而秦舞阳还是一副初生牛犊不怕虎的无畏气概。

后来的事情就是人尽皆知了，荆轲和秦舞阳如愿登上秦国的大殿见到秦王。可惜秦舞阳没有传说中的那么厉害，他刚到大殿上腿就开始瑟瑟发抖、脸色也变得煞白了。不知道是害怕还是激动的缘故，反正他的异常引起了秦王的注意。

荆轲拍拍秦小弟的肩膀，给他一个灿烂的笑容，示意他放松一点。然后他对秦王说："乡下孩子，没见过世面，望大王见谅！"秦王莞尔，就叫荆轲接过秦舞阳的地图，将人头和地图一块呈上来。荆轲心中大惊，还是装作若无其事的样子走了过去。原来他自知武艺不精，所以两人演练的时候都是以秦舞阳为主。谁知道这小子关键时刻掉链子，荆轲也只好走一步算一步了。

没有金刚钻，怎做瓷器活？他左等右等的剑术高手没来，秦舞阳又临阵晕菜，荆轲真应了"壮士一去不复返"的预言，明知不可为而为之了。轰轰烈烈的刺秦行动以失败告终，荆轲的大名倒是流传至今，成为"壮士"、"好汉"的别称。

"匹夫之怒，血溅五步。天子之怒，伏尸百万，流血千里。"战国的诸侯争霸用血淋淋的事实告诉大家此言非虚。嬴政怒了，即便燕王喜迫不及待地杀死自己的儿子姬丹来谢罪也没能挽回亡国的命运。而姬丹的其他门客也都因为荆轲的失败而获罪，被全天下通缉。

本来按照秦国的"远交近攻"的东进日程表，燕国是排在最后一个被攻打的国家。可是太子丹非要"加塞"，主动去招惹秦王，结果连累全国百姓早几年过上了亡国的日子。

一时间，燕国出走了几多隐姓埋名之人。

荆轲的密友高渐离也一改往昔击筑高歌的风流潇洒，藏到一个大户人家当酒保。

当时，筑是很流行的一种乐器，击筑大师的地位相当于如今的钢琴家，可以自由出入钟鸣鼎食之家。高渐离打工的这家主人就好此道，经常在大宴宾客的时候，请来乐队击筑助兴。每每这时，高渐离都会停下手中的活，摇头晃脑陶醉其中。高兴的时候，还会做麻辣评委，品评一下表演者的技术。有人见他如此神道，就悄悄告诉了主人。

高渐离终于没能耐住寂寞，悄悄复出了。自打他重操旧业，其他的击筑"高手"都变成了"低手"，没有人能与他一较高下。高渐离善击筑的名声逐渐传到嬴政耳中。

嬴政怜惜高渐离的才华，他熏瞎了一代击筑大师的眼睛后叫停了通缉令，命高渐离时常入宫演奏。试想，高渐离每天瞎着眼睛为一个杀了自己好友的人演奏，心中岂能没有怨恨？他隐忍着，等嬴政放松警惕的时候，举筑砸向秦王。

一个瞎子拿筑击秦王，其难度不亚于女子站在高台上抛绣球砸到薛平贵。王宝钏寒窑虽苦，好歹还换来了西凉王后的豪华晚年。高渐离悲情击筑，不过是以死明志的前奏罢了。

知己已逝，自己苟活有甚乐趣？这就是战国的侠客独特的生命存在。

自此以后，秦王再不复见六国之人！

刺秦，简简单单的两个汉字；刺秦，凶险无比的一项任务！成则万世卿相，败则祸及满门。可是有了田光以死荐荆轲，有了风萧萧兮易水寒，有了图穷匕见刺秦王，有了渐离盲眼悲击筑……这群燕赵大地的纯爷们为本就惨烈的战国带来了一曲慷慨悲歌。

从周文王的儿子"召公"分封至燕国在燕王喜和太子丹手中覆灭，已经有800多年的历史。期间出过一个燕昭王还算明白，通过"千金买马骨"、"高筑黄金台"来招揽天下贤人，曾让燕国一度雄起。

而今，黄金台早就灰飞烟灭，只剩下一个北京市朝阳区"金台路"的名字在落日的余晖里凭吊2000多年前曾有过的辉煌与落寞。

第三节　侠以群分

　　俗话说"物以类聚，人以群分"，可见同一类型的人有着相同的气场，即使没有人出面组织，他们也能嗅着彼此的气息，下意识地聚到一起。墨家死士誓死捍卫钜子，九千健儿追随盗跖，程婴和公孙杵臼等人牺牲自己保全赵氏孤儿……这都是侠客在呼唤同样的灵魂。

墨家群侠

　　2500年前的宋国，一个木匠世家添了一位新丁，取名墨翟。按照当时的人才选拔标准来看，即使是"八级木工"也是贱民，远不如读书入仕更能光耀门楣。所以聪明的墨翟长大以后，除了继承家传的木匠手艺之外，还专门去学习了一段时间的儒家经典。掌握了上层社会的主流文化的墨翟发现，儒家的思想学说不过是富人为穷人洗脑的工具罢了，于是他自创了墨家一派，站到了传统、主流的对面，成为社会的另类"教授"。

墨翟的名头很响，依附到他身边求学的人越来越多。可是这些弟子登堂入室之后才发现，自己的老师和孔老夫子根本不是一类人。孔门弟子三千那是有着充分人身自由的，只要交足了学费，那是想来就来，想走就走。

墨门弟子可就不一样了，所有人都必须无条件地服从墨老师的指挥，不允许出现抗命不遵的事件。所幸的是，墨老师不逼大家做坏事，反倒经常带着大家四处救苦救难、制止战争，让大家的自尊心、社会存在感都得到了极大的满足。

墨家与其他思想流派最大的不同应该是他的"有组织、有纪律"。墨家是以严密组织的形式出现的，成员都要严格执行老大的命令，达到"赴汤蹈火，死不旋踵"的境界。

如果说墨家的精神领袖墨翟还只是时不时流露出任侠仗义的姿态，他的传人禽滑厘、孟胜、田襄子等人几乎就是后世"为国为民"的"侠之大者"的典范了。墨家的几代"掌门人"在墨翟无比强大的感召下形成一个牢不可破的圈子，用自己的力量来实践老师"兼爱、非攻"的理想。

禽滑厘是墨子的第一届学生，这位有着稀有复姓的同学是一个不善言谈、内心坚定的人。他不高不富不帅，由于常年的野外工作胼手砥足、肤色黝黑，看起来就是一个老实本分的庄稼汉，没有半点侠客的风范。但是，当年老师和公输般"兵棋推演"，用"纸上谈兵"的方式将楚国伐宋的战争消弭于无，最大支持来源于禽滑厘带领的墨家死士早早来到宋国，准备随时投入战斗。

　　禽滑厘不声不响不代表他没有理想，他崇拜自己的老师，将老师视为自己的精神教父。他时刻准备着为了实现老师的理想而献出自己的生命。在这种指导思想下做出悍不畏死的举动自然不奇怪了。

　　孟胜的名声要比禽滑厘响亮一些。毕竟禽滑厘替宋国守城只是"有惊无险"的准备阶段，真正的战争并没有爆发。但孟胜带着180名弟子却是实打实地战死在了为楚国守护的一座县城之上。

　　当时孟胜作为墨家的新一代钜子，与楚国的贵族阳城君关系不错。以墨家掌门人的身份结交几个国家的高官本来是很正常的事情，但坏就坏在这位阳城君站错了队，得罪了新上任的楚王。新楚王要拿旧臣开刀，阳城君管辖的阳城县在劫难逃。这位老兄很不地道，他"畏罪潜逃"到外国了，却央求孟胜替他守住封地。

　　以前阳城君经常出国旅游或者访问什么的，都是请孟胜来帮他看家，所以这一次出逃也没忘了知会一声。他也就是出于习惯，向孟胜打个招呼，并没有指望这位墨家钜子会豁出命来履行自己的诺言。如果知道至少有180名墨家弟子因为自己而死，相信阳城君会非常后悔向孟胜求助的。

　　孟胜有点死心眼，他觉得自己既然答应了阳城君为他守城，那么不管谁来攻打阳城都是自己的敌人，哪怕对方是楚国的国君。以180人对抗一个国家的大军，绝对是以卵击石。孟胜决意以死殉城来捍卫墨家"侠义"的名声，弟子们则是以死来表明对信仰的忠诚。于是，一场人为的悲壮历史被《吕氏春秋》、《史记》当做集体的侠义事件记载下来。

我们很难判断这种"明知山有虎，偏向虎山行"的必死行为是错还是对。但按照古人的思想，不管战争是否正义，只要是言出必行的人都是真爷们。如果用生命和鲜血来履行诺言，就更是了不得的侠义之举。

彪悍的人生不需要解释

看过《天龙八部》的人都知道金大侠在小说中塑造了"四大恶人"形象，他们把"恶贯满盈"、"无恶不作"、"穷凶极恶"、"凶神恶煞"当做自己的外号和行为准则，做了不少伤天害理之事。可事实上，除了"穷凶极恶"的云中鹤之外，其他三人都有着可怜的身世、不得已的苦衷，并非百分百的大奸大恶之人。

如果说"四大恶人"不过是文学形象，不足为信，那么你可知道在春秋时期，孔圣人生活的时代还真的出现过这么一位披着恶名却颇有侠义之风的好汉存在过？这位好汉被人们称为盗跖。当然了，这个"盗"字是不喜欢他的人强加过来的前缀。

相传，"盗跖"的本名叫做展雄，也叫柳下跖，是以"坐怀不乱"而著称的贤人柳下惠展禽的亲弟弟。这哥俩倒有意思，经过后人的不断加工之后一个成为"恶人"的代名词，另一个则是首屈一指的道德楷模。同样的父母生出来的两兄弟，做人的差距咋就这么大呢？也有不少学者多方考证，说柳下惠比柳下跖早生了100多年，两人并不是兄弟关系。

好，那就先把柳下惠先生放到一边，只看这位柳下跖先生的生平吧。他生活在奴隶社会晚期，自己的出身不错，应该是奴隶主阶层的一分子。但是这个人没有老老实实地做个富家翁，整日除了舞枪弄棒之外还喜欢打抱不平，江湖声望与日俱增。柳下跖最风光的时候，身边聚集了9000多名小弟，近万人的队伍跟着他走州过府，横行天下，弄得诸侯国的国王们听说柳下跖来了都急得一个头两个大。

这么庞大的队伍开支也必定庞大。这支因为个人崇拜而凑到一起的队伍免不了做一些"劫富济贫"的事儿来维持生计，于是柳下跖变成了江洋大盗的代名词。后世有支持者为柳下跖辩护，说他是带领奴隶起义的领袖，所谓的"打家劫舍"也是他"行侠仗义"的表现。

柳下跖是山大王也好，义军的领袖也罢，他是一条响当当的好汉成为毋庸置疑的事实。正史对柳下跖的描写很是吝啬，不肯多费一点笔墨来形容一个上司不喜欢的"大盗"，只有肆意妄为的庄子做了一篇《盗跖》，洋洋洒洒地记载了柳下跖除了武功之外的另一特长——演讲与口才。

一次，一个小弟向柳下跖请教："大哥，听说鲁国的孔丘正在宣扬什么仁义智勇的，很多人都跑去听他讲课了，这一套东西对咱们有用吗？"

柳下跖："怎么没用？这一套理论简直就是为我们量身定做的啊！你想想我们去劫大户时的过程就明白了。你看，我往人家门口一站，就能推测出这家值不值得动手，这就是圣明。大家动手的时候，我第一个冲进去，这不是孔老二大力提倡的勇气吗？撤退的时候，我每次都是等弟兄们都出来了自己才出来，这就是讲义气。行动的时机拿捏得准，人员安排得合理，这就是智慧。最后咱们得胜归来，按劳分配劳动果实，严格执行多劳多得、少劳少得的标准，这就是仁义。如果不懂这个，咱们的队伍还不早就散了？"

小弟听了这番讲解，佩服得五体投地，脑袋瓜子也开了窍，竟然琢磨出一句高超的马屁："大哥，我知道了，咱们这就叫盗亦有道。"

过了不久，孔圣人听说柳下跖歪曲了自己的意思，心里很不痛快，就去找柳下惠诉苦告状。"小柳，长兄为父这句话你总该知道吧？你这个做哥哥的人品怎么样我们都清楚，可是你这弟弟也太不像话了。你如果管不了他的话，我就要替你劝上一劝了！"

柳下惠白了孔丘一眼，说道："你以为我不想管吗？可是文的我说不过人家，武的打不过人家，何来的管教？你愿意去就去好了，我期待着你的好消息！"

孔二哥对自己的气场很有信心，心说本人已经收了三千弟子，什么样的人没见过？我就不信感化不了一个故人的兄弟。

当孔丘带着几个徒弟找到柳下跖的时候，那位英雄正在吃烧烤。不过他烤的不是羊肉串而是敌人的心肝。听手下人通报说孔丘求见，柳下跖把人肝放到一边，嘿嘿一笑："原来是摇唇鼓舌、擅生是非以迷天下之主的孔老二来了。来得正好，我正想当面骂他呢。"他挥手示意小弟将孔圣人带进来。

孔圣人是很讲究礼仪的人，进来之后先做了标准的一揖，还没开口，就听见炸雷一样的声音轰响在耳边："孔丘，先知会你一声，今天你说话我若是听着舒服就没什么事，如果你惹我生气了，今天就是你的死期！"霸气外露啊。

"将军，您这么完美的男子汉却被世人当成大盗，我替您感到不值。如果您不嫌弃的话，我倒愿意为您找找门路、搞搞关系，以后您当了诸侯，主政一方，这才是牛人该有的生存方式啊。"孔丘的心理素质超好，根本不怕柳下跖的威胁，他相信对方不会拒绝自己抛出的橄榄枝，凭自己的人脉为柳下跖谋个好出路应该不成问题。

没想到人家根本不领情。"少来这一套唬人的把戏！我现在有什么不好，自由自在、无拘无束。要是听了你的鬼话，弄个什么诸侯当当，我就失去了自由，被利益、名声这些东西牵着鼻子走。况且谁不知道诸侯们做的那些破事，你劝我做诸侯简直是在侮辱我！"柳下跖看到孔丘在诚惶诚恐地听着，继续说道："我想要的不是少数人高高在上，干活的人却吃不饱穿不暖的日子。我要平等和自由，你懂吗？可怜的人，你不过是诸侯们选出来的传声筒罢了！"

一方面有柳下跖的警告在前，孔丘不敢多说，另一方面柳下跖的反驳实在是太犀利了，孔老师还没有做好新的辩论准备就被轰出来了。

对于侠客来说，最得意的事情莫过于指点江山、参与国事了。虽然柳下跖没有听从孔丘的鼓动去跑官，但他顶着盗贼鼻祖的恶名带着投靠自己的弟兄们转战黄河流域，攻城池、杀贵族、救奴隶，简直就是"永不招安"的水泊梁山。

敢说话的荀子就称颂柳下跖"名声若日月，与舜禹俱传而不息"。

可是大多数人还是不能认同盗跖这种无政府主义的做法，感叹他能够寿终正寝是老天爷不开眼。关汉卿这样的大知识分子就不赞同柳下跖的行为，通过窦娥之口高唱"天地也，只合把清浊分辨，可怎生糊涂了盗跖颜渊：为善的受贫穷更命短，造恶的享富贵又寿延！"很明显，柳下跖这样的"大恶人"不但高寿，而且富贵一生。

狡兔三窟话冯谖

战国时期，周天子已经徒有其名了，诸侯林立，侠风日炽。

这个时候，胸有大志的国君们每天都忙着和作战参谋们开会，讨论下一步对谁开战、与谁结盟的重要国事。胸无大志的国主们也很忙，他们每天忙着声色犬马、歌舞升平，丝毫没有即将亡国的紧迫感。

与繁忙的国君相比，一些王公贵族就比较悠闲了，他们有权有钱，地位尊崇，最大的嗜好就是"养士"，以"门客三千"作为毕生的追求。对于他们来说，较量马儿的快慢、别墅的大小、姬妾的美丑已经没有多大意义了，谁的门客更多、更有本事，谁才有面子。这样比了一圈下来，齐国的孟尝君田文、赵国的平原君赵胜、魏国的信陵君魏无忌以及楚国的春申君黄歇齐名，并称为"四公子"。

咱们今天来说一说孟尝君田文和门客冯谖的故事。

话说田文是齐国的宗室大臣，他的老爸是齐宣王同父异母的弟弟，从出身上来说他是毋庸置疑的太子党。田文成年之后，继承了父亲的封邑一个叫"薛"的地方，在那里广招"贤才"。对他来说，只要有一技之长，不管你是贩夫走卒还是江洋大盗，他都敢收留。这样的做派果然有效，没过几年，田文的门下就聚集了一大批的江湖义士。

别看田文是太子党，但他在众多的门客面前一点架子都没有，极其平易近人，比现在的影视明星还要亲民。表面上看，他对待这些上门吃闲饭的汉子们一视同仁，对每个人都客客气气的，让人家觉得孟尝君真是礼贤下士名不虚传。其实田文的亲信早就将门客的资料放在田文的桌子上，资料中已经分好了三六九等，相同的等级才有相同的待遇。

有的门客在孟尝君门下一住几年，从来不主动为主人分忧，也不见孟尝君向外轰。这么厚道的主家弄得前来混吃混喝的人都不好意思了，每天都有人悄悄离去。但是每天还有更多的新人补充进来。

他心里清楚，这么做一是为了扩充自己的势力，二是为了博一个求贤若渴的美名。这个世道谁知道什么时候就变天呢，依仗国君派人来保护，不如自己有一群死士保险。但是老婆们不理解，觉得他养这么多"闲人"开支太大，一点都不划算。

"老爷，今天又来了三个下等门客。"大老婆汇报完毕，向二老婆使了一个眼色。

"是啊，我听管家说其中一个姓冯的没有登记自己的特长，还挑三拣四呢。"二老婆补充。

"哦？有这种事？在我的府里吃白食还有人挑三拣四，有点意思。"田文摸着三绺长须，笑着转向管家，等待下文。

"老爷，我刚才从冯谖窗外经过，听到他正在用手指弹着宝剑，唱什么被人看不起、吃饭没有鱼之类的。"管家诚惶诚恐地回答。

"这样啊，晚上单给他做条鱼吃，看看他明天说什么。"

第二天，奉旨听窗户的管家又来了，他回禀自家老爷："今天冯谖还在唱歌。他唱出门无马车，不如早还家。"

田文有点生气了，这家伙有点贪心。"也罢，给他配辆车吧，看他还有何话说。"

第三天。

"老爷，冯谖真是过分，他居然唱住的房子不好，不如自己家的狗窝。"

田文这次气乐了："那就再满足他一回，给他换上房吧。"

果然以后的日子，冯谖消停了。

主仆之间或者说上下级之间就这样相安无事过了一天又一天。田文逐渐忘了这件事情，冯谖却时刻不敢忘有人以"国士"对待自己。他在时刻准备着为孟尝君建下奇功，好彰显自己的价值。

因为"贤人"（"闲人"）养得太多，开支太大，大老婆劝田文把薛地的佃农们欠下的债务收回来。当时田文正在首都做宰相呢，堂堂一国总理回老家收债，这样的新闻传出来岂不有失国体？于是，田文想在门客中选一个能干的人回薛地帮自己要债。

冯谖终于等到表现的机会了，他拍着胸脯保证自己肯定能满载而归。田文将薛地的债券都给了他，安排了车马随从跟着冯谖出公差。临走之前冯谖问道："债务收上来之后给您和夫人买点什么好呢？"

田文没想到冯谖还有此一问，随口说："你看我家缺什么你就买点什么吧。"

冯谖的工作效率很高，没过几天就回来了。

账房等着对账呢，结果冯谖只拿出一小部分收上来的债务。

田文生气了。"这个冯谖，真是不靠谱！带他来见我！"

冯谖来了，一副立了大功等着封赏的嘴脸，看得别人暗暗替他担心。

"冯谖，我听说你只收上不到一半的外债就回来了，剩下的债券呢？"田文耐着性子问。

"烧了。"冯谖的回答干脆利落。

"为什么？"田文强忍着怒气问道。

"我用烧掉的债券为您买了薛地的民心。"冯谖不慌不忙地解释，"那些债务对您来说不过是九牛一毛，对于老百姓来说却是一座大山。虽然我把债券烧掉了，但是我相信绝大多数人是不会赖账的。而且民心买来之后，薛地将会是您的福地。"

果然不到一年，齐愍王开始猜忌孟尝君功高盖主，找了个借口让田文告老还乡了。仕途失意的田文心不甘情不愿地回到薛地，发现这里的老百姓在夹道欢迎自己归来。这次他才信了冯谖果然为自己买了民心。与冯谖的赤胆忠心相比，曾经浩浩荡荡的三千门客随着田文被罢相的消息传出来陆续跑了，跑得干干净净。

冯谖看到田文致仕之后落落寡欢，知道这位老爷还是喜欢做政治明星的感觉。他进言："老百姓都说狡兔三窟。您现在退守薛地等于才有了一窟，我要为您再打造两处，这才算安全。"

田文如今对冯谖相当信任了，况且门客解散之后，他已经没有多少可用之人了。他马上采用了冯谖的提议，让他带着五十辆载满黄金的马车到魏国为自己铺路。冯谖果然有三寸不烂之舌，他说服魏惠王空出宰相的位置，用极高的仪仗队来迎接田文到魏国做官。这么大的阵仗当然惊动了齐国上层。齐愍王害怕田文真到魏国拜相的话，一定会对齐国不利，马上派出规模更大的仪仗队到薛地来接田文到都城恢复相位。

一个赋闲在家的落魄贵族通过一个门客的手腕成为两个大国争相邀请的宰相人选，田文很幸运。一个身份低微的门客以一己之力为主人"收买人心"、打造"三窟"，冯谖真英雄！

义薄云天的好汉帮

2500年前的一天，晋国的王宫不得安宁。权臣屠岸贾根本不顾及外臣不得进入内廷那套规矩，直接带兵进入长公主赵庄姬的寝宫。他接到线报，说公主已经生下赵家的遗腹子了，此时不杀更待何时？

一个月前，屠岸贾已经将赵家灭族，赵氏满门三百口人被杀了个干干净净，那么多的鲜血简直能把赵家的大宅子里里外外都清洗一遍。唯一的活口就是这位躲在深宫的赵家媳妇——赵朔的妻子、晋成公的长姐赵庄姬。

虽然晋成公好欺负，但是屠岸贾也是要脸面的人，他虽然对赵家恨之入骨，但总归没有谋逆之心，所以他不能直接冲进王宫把人提出来杀了。可如今赵庄姬竟然产下男孩，留他们母子存活就是为自己找不自在，谁不知道"斩草不除根，春风吹又生"的古训？"对敌人的仁慈就是对自己的残忍"，屠岸贾忙着为部下们做思想工作。

毕竟一群自小接受"普天之下莫非王土"思想的人对王族有一种本能的畏惧。

想到宠信自己的灵公已经被赵盾的侄子杀了，屠岸贾的气就不打一处来。想当年自己和灵公斗狗熬鹰多么自在惬意，时不时还能调戏几个漂亮的宫女。可是赵盾竟然屡次进谏，指责灵公这样做不对、那样做不好。他难道不知道赵家权力再大，也是晋国的臣子吗？再说了，灵公的胡闹不过是拿着弹弓伏击宫人或者砍几个不合格的御厨的手罢了，一国之主连这点自由都没有吗？屠岸贾一边愤愤不平地想着，一边往内宫方向疾走，这里有赵盾刚刚出世的孙子，他要亲自杀之。

"我可怜的儿子，你爷爷、你爸爸结下的仇恨都要报在你的头上了。他们就要进来了，你听，屠岸贾那个狗贼的声音越来越近了。孩子，如果命大，你就不要出声；如果你不想活着承受这份家破人亡的痛苦，那就放声哭好了！"赵庄姬对着尚在襁褓中的婴儿说了几句话，然后把孩子夹到了宽松的裙子里。

屠岸贾的人进来搜了一圈没有发现传说中的赵氏孤儿，只好退了出来。婴儿也是命大，就像听懂了母亲的话一样，睁着眼睛，一声都不吭。也有可能是母亲的裙子里面太闷了，他憋得差点窒息，想哭都没有力气。

不管怎么说，这一劫暂时逃过去了。赵庄姬长叹一声：生下孩子容易，怎么让他活下去却是一件难事。这时，老公生前的门客，一个叫程婴的大夫出现了，他说自己在赵氏被灭族之后不肯赴死就是在等这一天。如果主母能为赵家诞下男胎，他将会尽全力保护这个孩子长大成人。

公主认识程婴，知道这个人品性好，当得起自己的托付，把孩子托付给程婴后就自杀了。

程婴把婴儿放在自己的小药箱中，打算出城。但是一出宫他就发现屠岸贾已经派兵驻守在各处城门，专门查有没有婴儿出城。凡是一月以下的男婴休想出城门半步。屠岸贾还有个阴狠的告示没贴出来呢，如果手下在规定的期限内找不到真正的赵氏孤儿，那么他将会杀光城内所有的婴孩。

这时，赵家的另一个门客公孙杵臼来了，他和程婴坐在灯下，相对无言。

权倾朝野的赵氏家族轰然倒塌了，倒得太快了，根本没有给人做心理准备的时间。屠岸贾的报复来得太残忍，竟然实行了歹毒的灭族计划，连一个小小的婴孩都不放过。还是赵盾老爷比较幸运，起码享受过几十年的富贵荣华，可怜的赵朔公子连儿子都没见过就这么走了。

"程婴，你还记得老爷在世的时候曾经被鉏麑行刺的往事吗？"公孙杵臼突然开口。

"怎么不记得？这位鉏麑真乃英雄也。他奉那昏君和屠岸贾的命令来行刺老爷，在咱们赵家潜伏了许久。最后这位鉏麑发现老爷并不是屠岸贾口中十恶不赦的坏人，而是精忠报国的忠臣良将，所以他不但没有行刺，反而向老爷承认了自己的刺客身份，然后自尽了。"程婴机械地回答。他不知道公孙杵臼为什么问这个问题，只是本能地说出自己的看法。

"对啊，这个鉏麑恐怕是史上第一个还没有行刺就自尽而死的刺客了。那你还记得老爷身边那个叫提弥明的侍卫吗？那个帅小伙真是忠肝义胆！灵公因鉏麑行刺未果，就设宴请老爷喝酒，宴席之上竟然放出几条獒犬，想在酒桌上杀死老爷。要不是提弥明拼死护卫，老爷那一次就得葬身犬腹了。"公孙杵臼说。

"没错，提弥明和鉏麂都是好汉子。那我们两把老骨头就以这两位好汉做榜样，尽自己的绵薄之力保存赵家最后的一点血脉吧。"程婴感叹。

"保护少主，万死不辞！"两个人轻轻击掌，坚定地说出了这八个字。

双方会谈定下了基本目标，剩下的就是具体策略问题了。两人一致认为因为保护赵氏孤儿一人而连累全城的无辜婴儿是很不人道的，他们决定找一个普通的孤儿交给屠岸贾，然后把真正的赵氏血脉雪藏起来，培养他长大。

关于这个"普通的孤儿"的身份，历来有不同的版本流传。有的说是公孙杵臼的孩子，也有的说是程婴老婆新生的儿子，但是两个中年大叔的家属和长公主同时怀孕的几率不大，所以还是抱来的无辜婴儿比较靠谱。有了婴儿这个"重要道具"之后，两个人开始分头行动。一个人藏好真婴儿，然后去告密，领取赏金；一个则与假婴儿一起赴死，才显得这场戏分量之重。

程婴和公孙杵臼不过是曾经显赫的赵氏家族众多门客中不起眼的两个人罢了，他们实在没有必须保护赵氏孤儿的义务。也没有任何史料显示这两个人武功高强，能够飞檐走壁或者飞剑伤人。在没有任何报酬也没有人拿刀逼迫的情况下还能慷慨赴死，这样的人即使手无缚鸡之力，也是侠客，是英雄！

"老兄，你说从容赴死和带着孩子苟且偷生这两件事哪一件更容易些？"公孙杵臼很认真地问程婴。

"我想忍辱负重地活着比死还要难一些。"程婴三思之后如是说。

"我也这么想，所以让我沾点便宜，早一步去死吧，孩子就托付给你了！"公孙杵臼说完，就抱着假孤儿逃到了两个人商量好的地方。

程婴把真正的赵氏孤儿藏起来之后，去向屠岸贾告密，说他知道长公主生下的男婴被公孙杵臼藏在什么地方。屠岸贾大喜，承诺如果真的找到赵氏孤儿和公孙杵臼，就赏给他百两黄金。

于是，程婴前边带路，屠岸贾带着重兵跟随，很容易就找到了公孙杵臼的藏身之处。大兵们发现此地除了公孙杵臼这个老家伙之外果然还有一个婴儿紧随左右。公孙先生很入戏，大骂程婴"忘恩负义、陷害忠良、卖主求荣"，可他越是悲愤，屠岸贾越是欣喜，认定公孙想要保护的孩子必是赵氏孤儿无疑。程婴眼看着老朋友和无辜的小婴儿死在自己面前，他非但不能痛哭流涕，连悲伤的表情都不敢露出丝毫。

公孙杵臼用自己的死保全了程婴和赵氏孤儿的性命，他成为忠臣义士的楷模。

而程婴则背着骂名躲进了深山不敢出来见人，精心抚养孤儿赵武长大。

20年后，赵氏沉冤得雪，程婴将实情和盘托出。

赵武被晋景公召回都城，将他父亲赵朔应得的爵位恩赐与他。风水轮流转，赵氏孤儿重出江湖意味着屠岸贾将面临被血洗的命运。

复仇的大戏与程婴已经没有关系了，他要去找公孙杵臼，告诉他自己没有辜负大家的期望，终于将少主抚养成人，还看着他夺回了赵家曾经拥有的一切。与赵武告别之后，程婴自杀了。赵武则"服齐衰三年，为之祭邑，春秋祠之，世世勿绝"。

赵武就是后来三家分晋中赵襄子的爷爷。

一个围绕赵氏孤儿的悲剧故事讲完了，故事中带给人们关于人性的思考却没有结束。按照孔老夫子"君君臣臣"的思想，屠岸贾诛杀赵盾家族是为了替死去的晋灵公报仇，是忠君的典范。可为什么历来的戏剧、电影中都把他当做反面一号来对待呢？看来还是成王败寇的思想在作怪，屠岸贾一心维护的晋国不争气，很快就被赵武的孙子辈搞得亡国了。而赵家成为战国七雄之一，国力强盛，有谁敢质疑他们由臣子到国君的身份转变？

第二章　游侠的黄金岁月

　　秦王朝没有始皇帝想象中的让嬴氏子孙"可至万世而为君"，刚传到自己儿子那一代就玩完了。导致这一短命王朝灭亡的原因有很多，不可忽略的是有不少豪侠、好汉自发自觉地拉起了队伍，摧毁了一个王朝的统治，同时成就了自己的千秋功业。

　　自汉高祖刘邦起，游侠之风盛行。上流社会的公子们如果没有养上几十个江湖好汉，出门都不好意思和人打招呼。可到了雄才大略的武帝时代，游侠却被重新定义为"社会不安定因素"，游离在了主流之外。从此侠客失去了庙堂的照拂，成为纯粹的江湖好汉。

第二节　两汉游侠

　　两汉是大一统的时代，没有了诸侯争霸，也就减少了死士们"刺国"的机会。这个时候，好汉的行为更多地出于自愿，而不像春秋战国时期的刺客们那样为了报恩而毅然赴死。因此，朱家、剧孟、郭解等个性鲜明的大侠们才能脱颖而出，成为一代人膜拜的偶像。

鲁国"宋公明"

　　鲁国曲阜，孔夫子的老家。

　　自打孔丘先生以讲学而闻名于世，光宗耀祖之后，曲阜的年轻人都把研习儒家文化当成了一种出路。谁让咱们没有好爹，不能一出生就是贵族呢？那就争取在自己这一辈发达，让儿子、孙子成为贵族。

　　凡事都有例外，在绝大多数人选择"从文"谋出路的时候，有一个叫朱家的人不走寻常路，他决定"以武会友"，把自己打造成一个绝代豪侠。谁不知道"穷文富武"，如果自己身边能聚拢一群习武之人，名气和财富都会滚滚而来的。

说干就干，朱家知道收益和风险总是成正比的，因此他成名的第一步策略就是收留杀人犯。在这里声明一下，朱家生活的年代是秦汉交接的乱世，他与刘邦、项羽是同时代的人。正因为乱世，杀个把人也就算不得什么大事了，官府也就睁一只眼闭一只眼，不去较真。但是杀人犯们心虚啊，他们犯事之后往往都会蛰伏一段时间，等风头过去了再悄悄冒出来。

案犯们也有自己的圈子，有自己的消息渠道。不知道是谁先说起"鲁国朱家为人仗义，肯收留我们这样的人，管吃管住，直到我们安全为止"。好消息像长了翅膀一样，没过多久就成为圈内皆知的秘密。

第一个受到朱家庇护的人安全躲过了官府虚张声势的追查，紧接着第二个、第三个上门了。不用自己宣传，朱家解危济困的侠名就传扬开来。那些住在朱家家中"度假"的都不是安分守己的良民，他们有时候互相切磋武艺，有时候打得不可开交。但是只要朱家一来，每个人都给他面子，立即停手。时间一长，众人都相信朱家不但有侠义之心，武功也是非同寻常。可实际上谁都没有和他交过手，这样也好，愈加显得朱家深不可测。

除了大量收留杀人犯与政府作对之外，朱家还有一个"爱好"就是接济穷人。谁家穷得揭不开锅了，朱家定会送上一斗小米；谁家孩子要辍学了，朱家就会帮他支付一个学期的学费。虽然都是些小钱，也得不到什么回报，但是朱家的侠名却是日盛。从朱家的成功中也不难看出一个只有武功不动脑子的愣头青是不可能为"大侠"的，最多也就是被"大侠"利用的高级"小弟"而已。

随着声望的不断升高，政府也有意招揽朱家做个闲职。据不完全统计，朱大侠掩护过的"豪士"中著名的人物（估计是命案比较多的通缉犯）就超过100个，不著名的就不必说了。

上百口子"江湖好汉"不遗余力地为朱家扬名，结果可想而知。到了最后，整个函谷关以东的士人都以认识朱家为荣。请注意，这个时候朱家感兴趣的人已经不仅仅是杀人犯或者穷苦百姓了，他的粉丝团已经上升到了"士"这个阶层了。我们都知道古代关于"士、农、工、商"的等级分类，"士"，可是国家的上层人士呢。

楚国的一个叫田仲的人也算是一方霸主了，他听说了朱家的侠名之后，专程到鲁国来恳请朱家收他为徒。据说这个便宜徒弟对待朱家比对待自己的亲生父亲还要恭敬。看来朱家不简单，这个田仲也不是省油的灯！朱家已经名声在外，田仲拜名侠为师，显然是"站在巨人肩膀上"，能够以最快的速度扬名。

没见过朱家的人听说这个人一方面收留不少吃白食的主儿，一方面做好事，都猜他肯定是家财万贯的地主老爷。可是朱家的邻居们都暗叹他真是败家子，他爹好不容易积攒下来的一点家产都快让他败光了。经过这几年"拿钱买名"的炒作，朱家连一身新衣服都穿不起了。看，人家买不起新衣就穿旧衣，吃不起猪肉就吃野菜，即便这样还总是坐着小牛犊子拉着的破车四处救人于危难之中呢。

以我们现代人的眼光来看，朱家的种种行为均有极大的作秀嫌疑。但是人家能在西汉初年大出风头，成为备受尊崇的"大侠"，与当时的历史背景是分不开的。刘邦刚刚打败了与自己争天下的西楚霸王，深感疲惫。他知道国家多年内乱已经经不起折腾了，就选用黄老之术无为而治，对下面的"任侠"风气并不怎么限制。况且自己年轻的时候也好这一口。

于是，刘氏宗亲、有功之臣、豪强地主都喜欢以"游侠"自居。尤其是像朱家这样没有朝廷身份却如此大胆的人就格外引人注目。也是人家朱家操控得好，既和朝廷对着干，又刻意和不少朝廷要员搞好关系。庞大的关系网、深厚的人脉才有了我们接下来看到的朱家救季布的故事。

季布和上面提到的田仲一样是楚国人，但他不是职业游侠，而是追随楚霸王项羽的帐下五大将之一，与龙且、钟离昧、英布、虞子期齐名。季布为人仗义，在楚国颇有名气，与朱家在鲁国的名望不相上下。季布最有名的还是他的重信然诺，市井之间流传的"得黄金百斤，不如季布一诺"就是夸他呢。

季布到底怎样守信用的故事太史公没写，但是西门吹雪的故事古龙写过，英雄之间总有相似之处吧？古龙说西门吹雪可以单骑远赴千里之外，去和一个绝顶的高手争生死于瞬息之间，只不过是为了要替一个他素不相识的人去复仇伸冤，这不得不让我们佩服。

季布跟着项羽混的时候，曾经数次围困刘邦的军队，而今刘邦即位，当然不会放过季布了。他发布了举国通缉令，悬赏千金要季布的人头，告示上还附带谁敢窝藏季布，就将谁的老婆、老爸、老妈三族亲人全部处死！

这一招够阴，够毒，够狠！有重赏还有重罚，刘邦相信即使有人不眼红千两黄金，也会惧怕诛灭三族的。通缉令一出来，原本私藏季布的周先生害怕了。

"点背，本来还想博一个朱家那样的美名呢，可这季布也太烫手了，收留他的话就得做好三族俱灭的准备，划不来啊！"周先生想好之后委婉地告诉季布自己上有八十老母、下有黄口小儿，中间还有几房娇妻美妾，实在是有苦衷。但他没有为了黄金而出卖季布，也很难得了。最后周先生还给季布指了一条明路，告诉他曲阜的朱家或许可以帮他。

这样，季布就化装一番，然后昼伏夜行，辗转到了朱家的大宅子恳求做佣人。朱家心知来的是季布，他也不点破，就当对方是佣人招了进来。但是他吩咐家人谁也不许把季布当佣人使唤，还让自己儿子每天陪着季布吃饭，表明自己是把对方当做贵客来招待的。

总是窝藏朝廷要犯也不是回事，朱家考虑好人做到底，帮季布解开这个通缉令。朱家看人奇准，这些日子的近距离接触，他发现季布不是短命之人，将来一定能够再次飞黄腾达的。所以他要动用自己的关系网，把季布扶上马再送一程。

朱家拜会了汝阴侯夏侯婴，一番云山雾罩让汝阴侯答应试着为季布在高祖面前说情。夏侯婴是刘邦的发小，两个人在沛县的时候就经常一起玩，所以刘邦对他的话还是能听进去的。

汝阴侯见了刘邦，把朱家劝说自己的那一套说辞又重复了一遍。

"陛下，我想跟您聊聊季布的事情。他最大的过错是曾经围困过您，可是他当时是项羽的部下，那样做是他的职责所在，没有什么不对啊。况且您现在刚刚拥有天下就急着杀死一个以忠诚、守信著称的名将，这样做会让天下人寒心的。您心里也清楚季布是不可多得的人才，如果能为我所用，岂不是美事一桩？"

刘邦耐着性子听夏侯婴一二三点陈述完毕，略一思索，就释然了。刘邦说到底还是比较"豁达"的，他不但赦免了季布，还授予他官职，为西汉争取了一名人才。

季布果然飞黄腾达了，他十分感激朱家，但朱家不给他当面感谢的机会。朱家深知季布的为人，不让他当面谢恩，他就会把这份情谊记在心里，转化在行动中。从此，朱家又多了一个盟友，多了一把政治保护伞。

有想象力极丰富的小说家言"朱家死于田仲之手，而出卖朱家的人竟然是他救助过的楚人季布"，这个结局过于戏剧化、过于悲剧，体现的完全是人性的卑劣，我不愿相信。

侠之大者

"江湖代有猛人出，各领风骚十几年。"这话说得一点不错。朱家一走，名义上的高徒楚国大侠田仲顺势上位，隐然有了江湖领袖的意思。田仲风光了几年之后，洛阳另一位威名更胜、武艺更高的大侠剧孟新鲜出炉了。

客观地说，剧孟走的是和朱家一样的人生路线，除了打抱不平、扶弱济贫这些传统项目之外，还擅长"藏活豪士"这样高风险也高回报的特殊工种。但是，从生前身后的影响来看，剧孟要比朱家更胜一筹，他的能量不仅仅是平交王侯，甚至成了组织不太严密的非政府武装集团的领袖。

剧孟身材高大，为人豪爽，不但武功高强，琴棋书画也是略通一二的，这样一来，不管是赳赳武夫还是当世才子，都能和他找到共同语言。虽然他没有担任任何官职，但是在洛阳城绝对是一呼百应，俨然就是洛阳市的地下力量的老大。当然，剧孟大侠并不以上不得台面的黑帮老大身份为荣，他在内心深处时刻等待着"被招安"，成为西汉政府"亲密无间的朋友"。

当时，洛阳已经是"三朝古都"了，后世闻名天下的牡丹花还未萌芽，远在东南水乡的吴王刘濞却已经打出"诛晁错，清君侧"的旗号要造反了。刘濞是高祖的侄子，当今圣上的堂兄，年轻的时候曾跟随刘邦四处征战，屡立战功。

　　说起刘濞造反，有个段子挺有意思的。刘邦在世的时候看刘濞很有能力，就口头承诺将东南富庶之地赏给他做封地，可是兑现承诺的时候刘邦却后悔了。原来他身边有善于相面的高人提醒他刘濞"有反相"！这还得了，封赏一个日后必反的人这不是为自己的儿孙埋下祸端吗？于是刘邦就敲打刘濞说："我的相士推算出汉家五十年以后东南方向必有叛乱，这个人不会是你吧？

　　此话一出，刘濞吓得纳头便拜，连表忠心："侄儿绝对不敢。"

　　"哈哈，朕开个玩笑，贤侄不必多心。相士还推算出我们刘家的天下不会易主，谋反的人定然失败！"刘邦半开玩笑半是警告。

　　有了这段嫌隙，刘濞日后的造反几乎就是板上钉钉的事情了。可惜刘邦已经看不见了，天大的麻烦落到了他儿子和孙子的头上。刘濞很有号召力，连谋反这样的大事都拉上了六个垫背的。所以说"他不是一个人在战斗"，东部地区的"七国之乱"让汉景帝很有压力。

　　名将周亚夫、窦婴奉旨平定叛乱。周亚夫从长安向东出发，首先来到洛阳。洛阳以东的大片国土都是叛军的地盘，洛阳的争夺显得尤为重要。如果洛阳不保，那么长安沦陷的可能性极大，毕竟对方号称50万大军可不是闹着玩的。

　　周亚夫到达洛阳之后第一件事不是和参谋们商议怎样用兵，而是主动拜会了洛阳大侠剧孟。他知道自己虽然是朝廷的正规军，但是没有剧孟这样的地头蛇支持的话，想要部署什么行动都会大打折扣。他还知道剧孟这个人非常看重自己的名声，这么多年苦心经营洛阳的民间武装却不肯公开做什么"武林盟主"，就说明这个人有更高的"精神追求"。周亚夫知道有些时候油盐不进的江湖莽夫不容易说服，但是做剧孟这种思想上要求进步的大侠的工作就相对容易了。

于是，征讨大军的主将周亚夫同志没有立即奔赴前线，而是出现在了洛阳大酒店的天字号包间。

"剧大侠，请满饮一杯！"周亚夫一上来不谈正事先敬酒。

剧孟也不客气，端起海碗一饮而尽。

两人哈哈一笑，彼此看着都很顺眼。

不是说"好的开端是成功的一半"吗，周亚夫和剧孟在推杯换盏之后进行了卓有成效的秘密会谈。

两个人很快就达成了一致协议：剧孟坚决拥护"只有一个大汉"的政治立场，强烈鄙视以吴王刘濞为首的乱党分子；周亚夫则代表政府授予剧孟"荣誉国民"的光荣称号，并拍着剧孟的肩膀猛赞"得剧孟一人之助有甚于得一诸侯举国之助"。

从洛阳大酒店出来，周亚夫很是兴奋。

左右不解，为什么将军和一个地方上的莽汉喝了两杯酒就如此兴奋。

周亚夫说："刘濞他们既然敢造反，就应该团结一切可以团结的力量。可是放着剧孟这样的人才他们都不用，可以预见这次平叛一定会以我方的胜利宣告结束。"

事后的发展果然如同周亚夫所料，西汉大军在剧孟的帮助下迅速接管了洛阳各方面的势力。解除了后顾之忧，他们全力阻击七国叛军。

剧孟自打搭上了军方周亚夫这条线之后，名气更盛。前来洛阳拜会他的各路豪杰越来越多，剧孟成为百分百的无冕武林盟主。仿佛为了证明这一点，剧孟的母亲此时去世了。这下所有与剧孟说得上话的人纷纷准备大礼，要送老夫人一程。还有很多准备巴结剧孟的人更是重视这等大事，得信之后马上赶往洛阳，不但要捧个钱场，还要捧个人场。

结果剧孟的母亲，一个没有任何封诰的老太太过世，竟然惊动了上千乘马车前来送葬。盛况之空前、场面之恢弘让洛阳其他的老人们都羡慕不已。剧孟没有他妈妈那么幸运，有一个hold住任何场面的好儿子，几年之后他的葬礼远没有超过母亲的规格。更令人震惊的是，以仗义疏财名闻天下的洛阳大侠死后，家中的资产不足十两金子。是剧孟太能败家为了虚名而散尽家财，还是他玩了一手漂亮的财务转移，我们不得而知。

写到这里，我想和大家探讨一个很现实的问题：古代的大侠是如何谋生的？春秋战国时期的刺客型选手还好说一些，他们要么杀猪宰狗，要么屈身贵族做"门客"，挥金如土谈不上，但起码能做到衣食无忧。

汉朝的大侠们就值得推敲了。朱家、剧孟这样名扬四海的豪侠第一不是朝廷官员，没有组织为他们发工资；第二不开工厂、不经商、不耕种，连自由职业者都算不上，看起来养活自己都成问题。正因为如此，他们能够豪气地收容杀人犯，为人家提供衣食住行以及安全保障等一条龙的服务，更加显得可疑。难不成这些大侠们做的都是"没有本钱的买卖"，或者像一些黑社会一样收保护费？

我想最靠谱的答案还是这些大侠依仗自己高明的身手，悄无声息地兼职劫富济贫的工作。阳光之下做散财童子、黑暗之中做富人克星恐怕才是他们最主要的两张脸谱。

被"严打"的豪侠

一提到大侠，人们最先想到的往往是单打独斗、顶天立地的个人英雄形象。但是西汉却出现了"一门三代出侠客"的侠客世家，其稀有性和拉风程度简直可以媲美后世"一门三进士"的荣耀了。荣耀归荣耀，但是三代为侠的郭氏家族却是命运多舛，最后竟然被汉武帝满门抄斩了。

这个侠客世家的第一代大侠叫郭成奇，此人曾经参加过高祖刘邦的革命队伍，立下军功。他和雌亭侯许负颇为投缘，两人结成了儿女亲家。别看许负身为侯爵，却是一位不折不扣的女中豪杰。许负就是因善于看相而被高祖刘邦封侯的那位奇女子。许负的女儿嫁给了郭成奇的儿子郭鲁，生下了西汉第一名侠郭解。

郭鲁空有一腔热血和一身武艺却没有父辈的幸运，没能生活在欣赏侠客的高祖年间。文帝当政期间大体上是"以德治国"，讲究无为而治，不喜欢江湖草莽的那些调调，搞了几次小规模的"严打"活动。郭鲁就是没看清形势，在"严打"期间"打架斗殴"，被判了死刑。他觉得自己很冤，自己明明是路见不平拔刀相助，怎么到了官府嘴里性质就变了呢？他若是知道后来的景帝"防火防盗防游侠"的政策贯彻得比自己老子更彻底，恐怕就不会如此委屈了。

郭解继承了乃父的基因，对游侠事业极度热衷。与他一样，武帝刘彻也继承了父皇的遗愿，决心将"无君无父"的游侠集团消灭得干干净净。皇家的决心决定了郭解逃不开和父亲一样的悲剧命运。

替武帝执行"灭侠政策"的是一帮酷吏，他们奉旨"锄奸"，每到一处，游侠们不管是否反抗，一律杀无赦。这时，诛杀天下第一名侠郭解成为酷吏们的最大渴望了。

郭解的外形条件不太好，不像剧孟、朱家这些前辈一样高大威猛，虎躯一抖，就能释放出王霸之气，引得众小弟高呼"老大"。他属于短小精悍的体形，脾气暴、心肠狠，不爱说笑，谁惹了他必定杀之而后快。尤其是年轻的时候，为朋友两肋插刀的事情可没少做。汉朝的执法人员对郭解是恨之入骨，为啥？他的犯罪记录都码了一人多高了，什么打架斗殴、劫富济贫、窝藏罪犯，凡是你能想到的恶行他几乎一一尝试。除了以上"恶行"之外，他甚至私铸钱币，扰乱社会金融市场秩序。这样的极品惹祸精放在哪个朝代都是个超级麻烦。但是郭解和官府相处融洽，每到一处都会结交几把保护伞，所以他每次犯事之后都能从容逃脱。该着人家命好，有几次抓了局子等着被判刑，却碰到皇帝大赦天下的好事，总之人家不但平安无事，还逐渐有了一帮狂热崇拜他的小弟。

　　等到郭解到了三十来岁，脾气有所收敛，曾经年少轻狂的事不再做了，但是我行我素、行侠仗义的作风不改。这让他的忠实粉丝们松了一口气，不用担心随时会出现偶像被通缉的消息了。郭解年龄越长，性格越是沉稳，后来不但不再随便杀人，反而到了以德报怨的境界。偶尔救个把人也是做好事不留名，丝毫不图人家的回报。有时候碰到一些实在讨厌的人，他也不像年轻时一样动不动就拔剑了，而是用眼睛狠狠瞪人家两眼就算解气。他不知道，凡是被他瞪过的人都会在最短的时间内消失，这是那些崇拜英雄的年轻后生们为他报仇了。

　　郭解的外甥很不争气，经常仗着舅舅的名声做一些恃强凌弱的勾当。可他只学到了舅舅年轻时的脾气，却没有舅舅的本事。每次犯了事，都要找家长来擦屁股，一个典型的二世祖。一天，这位公子爷在酒楼喝酒，多喝了几杯就开始发酒疯，非要让同桌喝酒的人将一坛子酒都喝光了。人家不从，他的驴脾气就上来了，亲自端着大海碗强灌人家。对方也不是良善之辈，一生气把郭大外甥给杀了，杀完之后从容地走了。郭解的姐姐很泼辣，故意不下葬，把儿子的尸体放到郭解回家的路上，羞辱弟弟："亏你还是名人呢，自己外甥都让人杀了，你怎么连凶手都揪不出来呢？"（有这样跋扈的母亲，儿子的死也就不足为奇了。）

　　杀人者听说郭解已经涉足这件事了，害怕自己被郭解或者他的小弟们悄无声息地杀掉，就主动来向郭解自首了。郭解觉得人死不能复生，何况外甥是罪有应得，所以他放过对方，不但让人家感恩戴德，还为自己赢了一顶"以德服人"

的荣誉称号，趁机又收复了一群小弟。

当时洛阳的豪门之间有什么纷争，不习惯去衙门调停，而是找一个彼此都信得过的中间人调停，后世上海滩的杜月笙老板就是这样的高手。郭解到了洛阳，互相仇杀的豪门都将和解的希望寄托在他身上。郭解的面子果然大，他只用了一个晚上的时间就让仇杀双方化干戈为玉帛了。可他担心自己一来就抢了其他社会贤达的风头，悄悄嘱咐两个人暂时装作还没有和好的样子，等自己离开洛阳之后有其他人调停时再握手言和。他的谨慎让洛阳人很是佩服，他们不遗余力地传播他的侠名。

郭解信奉"知行合一"，认为游侠就不能拘泥一地，而是要行走天下，同时也能让自己名扬天下。他离开洛阳之后就西去关中，体验那里的风土人情。关中号称"八百里秦川"，乃是渭河平原最富饶之地。这里曾经是楚汉争夺最厉害的地盘，老百姓们的英雄崇拜情结远胜其他地区。郭解到了这儿，觉得自己算是来对了地方。这条过江猛龙迅速成为关中名侠，除了赢得懵懂少年和一般江湖闲汉们追捧之外，连"公安系统"的同志们也都以认识郭解为荣。

一开始还有不开眼的长官想通过击杀郭解立威，但是还没抓到人家的衣衫，就被郭解的崇拜者们干掉了。衙门的工作人员偶尔会恭恭敬敬地请郭解配合一下到局里问点事情，问完之后通常都会请他到最好的酒楼款待一顿，然后专车送回家。

一个民间人士能有这么高的威望，能过这样滋润的日子，让高高在上的武帝不高兴了。刘彻多次对身边的小太监狠狠地说："郭解不除不快。"可是刘彻也是要面子的人，不想吃相太难看了，毕竟郭解在民间的名声不错，得找到合适的借口才能处决。

既然皇上存了必杀之心，搜罗郭解的"犯罪事实"就是小事一桩了。一个书生不知道得到了谁的授意，专门跑到关中人气最旺的茶楼提前造势了。他与同桌的茶客东拉西扯了几句之后，突然高声道："我就不明白了，郭解这个人专门践踏法律、恶名昭著，为什么我们关中父老还要如此维护他呢？……"没等书生感慨完毕，同桌喝茶的人丢下茶钱就跑了。其他客人像看死人似的看了看那位书生，摇摇头走了。

果然，第二天市井就传出一位书生在家睡觉，莫名其妙被人割了舌头的离奇事件。儒生白天骂郭解晚上就被割舌头的事情马上以最快的速度传到了武帝耳中。这还了得，我们大汉这点言论自由都没有了吗？武帝马上下令"严查此事"。说实话，这件事还真没有郭解什么事，人家压根就不知道书生骂自己的事，遑论半夜割舌头呢。这都是郭解的崇拜者们为他解气的行为，众人都没有想到这件事给郭解带来的是灭门之祸。

下来查案的临时调查组还算公正，认真调查后发现郭解确实无罪，就如实上报了。可"无罪"不是武帝要的结果。这时一个叫公孙弘的御史大夫马上上折子说："郭解不是官身，只是普通的老百姓而已。可他不好好耕种，偏偏喜欢行侠仗义，随随便便就杀人。书生被割舌头这件事或许真不是他做的，但这件事却因他而起。所以这种不法之徒更应该杀了，留着他就是我们和谐大汉的一枚不定时炸弹，谁知道他什么时候会惹出更大的事呢？"

公孙弘这个人在武帝时代可谓大名鼎鼎。他的外貌很出众，连司马迁都说他"长相恢弘奇伟，美姿容"，可见此人除了帅之外，还很有气质。公孙弘出身寒门，小时候给地主放过猪。后来读了点书，弄了个狱吏做。可是他连一个小小的狱吏都做不好，经常发生渎职事件，很快就被开除公职了。此后，公孙弘就在家专心读书、研究儒学，一直读到了60岁。这一年，年轻的汉武帝刚刚即位，面向全国招聘有学问的人，公孙弘这才有了复出的机会。

在家隐忍了几十年才有了重新出山的机会，布衣出身的公孙弘比一般官吏更珍惜自己的工作。他揣摩圣意的本领在武帝一朝堪称第一。一般大臣上折子，都是有什么说什么。公孙弘不一样，他总是事先打听皇帝的态度，然后再表明自己的态度。像汲黯这种以直谏著称的名臣自然看不上公孙弘的那一套，公开批评他没有原则，表里不一。公孙弘才不理汲黯呢，他心说："哥不是没有原则，哥最大的原则就是凡事以皇帝的意思为最高原则。"所以当公孙弘了解了武帝有意拿郭解开刀，铲除游侠势力的时候，当然会不遗余力地落井下石，置郭解于死地。

我们再来看一看御史大夫是什么级别的长官。这个官职是秦始皇设立的，在秦朝是专门监察百官的最高长官，相当于今天的"中纪委书记"。到了西汉，御史大夫是仅次于左右丞相的一品大员，位列三公，以"国务院副总理"的身份协助总理处理国事，还着重负责执法和纠察这一块。人家连朝廷重臣都可以弹劾，何况郭解这样没有功名的平民呢！

当"御史大夫"的官职和公孙弘这个善于体察圣意的人重叠，基本上就等于宣判了郭解的死刑。

只处理郭解一人不能显出汉武帝"打黑除恶"的决心。你们郭家不是代代英豪吗，那就满门抄斩，免得又出什么小郭解、小小郭解来扰乱治安。

郭解事件之后，朝廷和江湖正式站到了对立面。以后的两千年再也没有出现为朝廷服务的武林高手被称作大侠的事情。郭解，成为游侠集团的终结者。荆轲、聂政他们幸亏生得早了，为贵族卖命还能得一个"壮士"的美名。郭解之后，这类人除了"刺客"、"鹰犬"、"爪牙"再无其他好听点的称呼。侠客们从此以后也不再以参与国事洋洋自得了，而是低调再低调，只在江湖漂，不向庙堂看。

第三节 亦官亦侠

司马迁曾经创造性地为侠客们分门别类，后世之人大为赞同。既然有"匹夫之侠"、"闾巷之侠"这些平民代表队，当然少不了"卿相之侠"这样的贵族代表队。可是不要忘了，还有像栾布、原涉这样亦官亦侠的人介乎两者之间。

从奴隶到神祇

春秋战国时期，职业大侠们多出身于士族，比底层的老百姓们有见识，离当权者的层面有差距，因此他们最向往的生活莫过于以侠入仕，通过一次或者几次的暗杀之类的行动为自己也为子孙谋一个锦绣前程。君不见专诸虽死，他的儿子却位列公卿吗！正是这样的成功案例在前，才吸引了大批的侠客前赴后继冲向为朝廷或者达官显贵卖命的战场。可是成功者寥寥无几，绝大多数人不但没有实现入仕的梦想，而且都不得善终，横死者比比皆是。

西汉栾布，应该算是侠客中极少数的幸运者，不但高官而且高寿。有些地方的人非常崇拜他，还为他立了庙叫栾公社，初一十五、逢年过节都要磕个头上炷香，祈求栾公保佑平安。如果后世还有君王不断推动的话，估计就没有关羽什么事了。

栾布生于战国末年，经历了秦朝从统一到灭国的15年，又经历了楚汉战争、高祖称帝以及刘邦和吕雉两口子铲除异姓王的风云动荡。他的家乡在高祖起家的芒砀山一带，到高祖大封异姓王的时候，这块位于今天安徽北部的土地归属梁国，是梁王彭越的封地。

彭越是山东好汉，家乡在今天山东南部的金乡县，离砀山不远，这里后来也归属梁国，所以写史书的人都说栾布和彭越是老乡。这两个人确实年轻时就相识，曾经在同一家小酒店打工。那会儿彭越身上还显现不出王霸之气，但是他的领导能力让栾布心生敬仰，他下意识地将彭越当成自己的偶像。估计当时的崇拜就是一个普通保安对保安队长的崇拜，或者传菜的服务生对领班的那份天然敬意。

两个人每天都哼着小曲在穷乡僻壤的小酒店庸庸碌碌，有一次，他们听到前来住宿的客人说到秦朝可能要变天了，有个叫陈胜的奴隶在大泽乡起义了云云。有位住店的客人颇有口才，他绘声绘色地讲起天下大势，听得栾布和彭越两个小伙子热血沸腾。尤其是陈胜一句振聋发聩的"王侯将相宁有种乎"让心思活跃的彭越产生了投身"革命"的强烈愿望。

彭越把自己的想法告诉了栾布，希望他能跟着自己一起离开家乡，到外面一起闯荡一番。栾布没有彭越那样的勇气，他极其羡慕地送好友离开酒店，奔向未知的"革命"。一个没有背景的人单枪匹马出来闹革命，难度太大了。

彭越流浪了许久之后发现自己应该现实一些，要实现自己"革命"的理想，先从强盗做起。他加入一伙水匪的队伍，凭着个人的实力，渐渐坐到了大当家的位子。虽然土匪头子离自己的目标尚有差距，但是领导一群强盗并不比领导一支军队容易。无数事实证明，在特定的历史条件下，绿林好汉和义军领袖是可以相互转换的。

再看栾布，失去了大哥彭越的照顾之后很是忧伤了一阵子。他很努力地工作，可是新来的部门主管没有彭越大哥那样的慧眼，不赏识他，反而天天给他白眼。

有一天，一伙强盗来酒店打劫，没有找到多少值钱的物品。强盗头子临时起意，把栾布在内的一些身强力壮的小伙子装到车上，卖到燕国当奴隶。栾布那会因为工作不顺利正想辞职不干，像彭越一样到外面闯一闯呢。这下可好，自己连路费都不用出，就被人家带走了。

燕国早已不是太子丹的燕国了，但是荆轲当年白虹贯日的传奇还在流传。

买下栾布的是燕国一个没落的贵族。这家主人最近霉运不断，打算做点好事转转运，所以对栾布很客气，不像一般的奴隶主一样苛责下人。栾布也很懂得知恩图报，很守本分地做好自己的工作，对主人的态度也很恭敬。毕竟是酒店服务窗口培养出来的专业人才，做一个称职的家奴毫不费力。

　　栾布的主人无意间得罪了一个地痞无赖，总是受到一些莫名的骚扰。虽然他是贵族，但是已经失势许久，报官人家也不重视，自讨没趣罢了。对于官府来说，骚扰不同于命案，没有必要大惊小怪的，这些贵族就是事多。

　　一天，一个大痞子带着几个小痞子又上门骚扰了。他们的嚣张和主人的隐忍让身为家奴的栾布愤愤不平。他在老家的时候经常和彭越切磋武艺，两个人的功夫相差无几，栾布缺少的只是赤膊上阵的经验罢了。他的正义感告诉自己必须挺身而出，保护自己的主人。于是这一帮痞子们倒霉了，他们只是占人数优势，可论战斗力，比栾布可差远了。将这一群人暴打一顿之后，栾布感到一种前所未有的轻松。

　　奴隶救主的义举很快就传扬出来，栾布第一次享受到了做名人的感觉。主人摆脱了烦恼，对栾布十分感激，也不再将他当做下人，而是当做"士"养了起来。

　　在燕国活动的臧荼大将军也听说了栾布的"事迹"，就嘱咐手下留意栾布这个人，有可能的话让他到军中任职。考察了一段时间之后，臧荼将军觉得栾布为人忠厚、有勇有谋，就把他调到自己的军队任都尉一职。主人本来舍不得放栾布走，后来觉得栾布有了势力以后，可以罩着自己，就放行了。从此，栾布从底层奴隶踏上了造反的康庄大道。

　　臧荼将军也随着高祖的建国被封为七个异姓诸侯王之一的燕王。栾布本以为紧追臧荼的脚步，自己也能步步高升，谁知道燕王竟然谋反了。更倒霉的是，燕王恰恰在谋反之前把栾布提拔到了大将军的高位。这样一来，栾布就成了掉进裤裆的黄泥巴，怎么洗都洗脱不了"第一帮凶"的嫌疑了。

俗话说"最是无情帝王家"。也许有时候帝王会很大度、很仁慈，但是对于谋逆的大罪，绝不会手软。燕王臧荼是真的造反，杀也就杀了，并不冤枉。但是栾布在本质上还是很单纯的，跟着臧荼一起被送上军事法庭就有一些冤枉。

这时候，栾布的老朋友彭越很勇敢地站了出来，向刘邦求情，请他宽恕栾布，给他一个改过自新的机会。有人问：彭越不是做水匪去了吗，怎么在刘邦面前说话这么有分量？彭越一开始做过强盗没错，但是人家后来"改邪归正"了，跟着汉王打天下屡建奇功，被封为了梁王。

刘邦的天下刚坐稳，就碰上了燕王造反这样的大事，对彭越这样忠心耿耿、功勋卓著的诸侯更是倚重。既然彭越敢以项上人头担保栾布无罪，那就削去他的一切职务，回家务农去吧。只要刘邦不再追究栾布的罪过，那就好办了。彭越把老朋友接回了自己的封邑，给栾布安排了一个梁国大夫的官职。

栾布在彭越麾下，过了六年的安稳日子，直到彭越"被谋反"而结束。

当年臧荼是真造反，早早就打出了谋反的旗号，死就死吧。然而韩信因"谋反"获罪，就有点"莫须有"的意味了。高祖心里明明很在意韩信功高震主，但是杀韩信还真不是他亲自下的令。是他老婆吕雉先斩后奏，杀了韩信，夷了人家三族，刘邦事后并没有替韩信主持公道，而是"且怜且喜"。而今陈豨在巨鹿竖起反旗了，高祖大怒，御驾亲征。刘邦路过邯郸的时候，想到了彭越，就让他带着军队与自己兵合一处，共同杀贼。

可惜的是彭越生病了，兵马将帅都派去邯郸，本人却没有露面。这病生的可真不是时候，简直就是"趁你病，要你命"啊。刘邦看到彭越称病后大怒，派人去警告彭越不要以为封了梁王就可以目无君上。"我让你出兵是看得起你，可你竟然敢托病不出，什么态度嘛。"

兵马派出去之后，彭越就后悔了。彭越这边还没去"自首"呢，刘邦派来问责的钦差就到了。他急忙召集部下来商议这下该如何是好。有个叫扈辄的部将就说"您一开始没有去，现在皇上一生气，您就去认罪，难道皇上不怀疑您第一次称病是借口吗？恐怕您一到邯郸就要被抓住问罪了。淮阴侯身为我们大汉第一功臣都被吕后杀了，您能独善其身吗？以我之见，您现在就起兵造反吧，趁着陈豨在巨鹿牵制主力部队，我们梁国还是有机会的。"

不知道彭越听了属下赤裸裸的鼓动有没有动心，但他当时的反应是将扈辄斥责了一顿，警告他以后不许重提此事。彭越为了表明自己的忠心，只好跟着前来宣旨问罪的钦差一起回去。刘邦当场表现了自己大度的一面，原谅了彭越。但是陈豨的叛乱刚刚平息，就到了"秋后算账"的时间。

于是彭越被杀，三族尽屠。刘邦不解气，还把彭越的脑袋挂在洛阳城门示众，宣布：谁敢为彭越收尸，谁就是彭越谋反的同伙。要知道，彭越已死，三族俱灭，还有谁敢来为他收尸呢？精明的人就腹诽"皇上怕是气糊涂了，才有了这条毫无必要的禁令。"

按说栾布作为彭越的老乡加亲信，也在被诛之列，可是他当时恰好出差了，躲过了一场灾难。现在，栾布回来了，他要向梁王汇报工作。可是梁王不在了，城门口只有一颗血肉模糊的人头再加上醒目的"不准收尸"的告示。

栾布不管那个，他跪在彭越的脑袋下面失声痛哭，一面哭还一面汇报出差的成果。

如此尽忠尽责的举动成为栾布最为人称道的经典桥段。

如果彭越不是因"谋反"而死，如果刘邦没有张贴"不准哭丧、不准收尸"的标语，栾布这一跪一哭诉还不算太惊世骇俗。如今一边是"谋逆大罪"的旧主尸身，一边是当今天子的严重警告，栾布还能这样做，这种行为就不简单了。没有忠义之魂、侠义之心，万万做不出此事。有人怀疑栾布此举是在作秀，试问：谁会冒着砍头灭族的危险这样秀一把？所以说栾布高义尽在此一哭一跪也不为过。

栾布在洛阳"高义"了，高祖能高兴吗？马上就有人把栾布的疯狂举动汇报上去，说有人把皇上的禁令当儿戏。很快，栾布被五花大绑从洛阳一直押解到长安。有些唯恐天下不乱的官吏进言：栾布顶风作案，罪不容诛，应该下油锅，以儆效尤！

高祖批示只有一个字：准！

大殿之外，没有人敢出声，大家都在注视那口青烟袅袅的大号油锅。想到马上就会有一个大活人像被炸油条一样扔到滚油中，一些看不惯栾布的人抑制不住地兴奋。栾布的做派很符合我们对好汉的预期，他看到为自己准备的油锅并没有惊慌失措，而是很有风度地请求高祖说，自己临死之前尚有一句话不吐不快。

　　高祖对这个将死之人很是大度，示意左右将栾布带上来，听听他还有什么遗言。这一听才知道，栾布哪里是一句话要说，他一开口就是"想当年"，摆明了要讲"一千零一夜"的架势。对于刘邦来说，开国以来忙着收拾功臣，很久没有忆当年了。也好，且听一听栾布的讲述，自己就当忆苦思甜好了。

　　在栾布的叙述中，刘邦听到了自己被困彭城时是彭越在坚守梁地，为自己突围创造了条件；垓下之战，是彭越的拼死抗敌，才加速了项羽的灭亡……刘邦一边听，一边想起了自己与彭越战场之上结下的生死之情。

　　栾布又说："天下平定之后，彭越并无丝毫谋反的迹象，只是没有选择好生病的时间罢了。如今您这样斩杀功臣，就不怕日后没有人肯为刘家卖命吗？"这话说得刘邦很没面子，他难道能说这些斩杀功臣的馊主意都是我老婆出的、我老婆实施的？他突然觉得这个栾布有点意思了，为了一个死去的梁王得罪一个活着的皇上，栾布可不是一般的忠心啊。此人若能为我所用，我大汉天下岂不是多了一员忠勇双全的大将？想到这里，刘邦有些期待栾布向自己求情，求自己网开一面免他一死。而自己就顺势提拔他一下，不但免其死罪，还加官进爵，不信收服不了他。

　　可是栾布没有为自己乞怜，人家发表完对高祖"鸟尽弓藏"的意见之后，很硬气地说："器重我的梁王已死，我不想苟活。您既然想烹杀我，那就请便吧。"

　　刘邦刚想收服栾布呢，当然不会同意栾布最后的请求。他让人把那口碍眼的大锅搬走，宣布赦免栾布无罪。彭越如果知道自己负荆请罪都不能免死，栾布大骂刘邦无情无义却能存活，一定会气得吐血。没办法，遇上不按常理出牌的皇上，谁也不能预知人家什么时候想听奉承，什么时候喜欢听"逆耳忠言"。

有好事者得知栾布无罪释放是在大骂过刘邦之后，研究出伟大的高祖皇帝其实拥有"卑贱"型人格——谁对他越凶，他越重视谁；谁对他越恭顺，他越轻视谁。这位好事者不但有结论，还有不少论据呢。

比如刘邦败走彭城的时候，项羽的部将丁公曾奉命追杀他。刘邦就动之以情，对丁公说："好汉何苦为难好汉？"这样丁公就放了他一马。日后楚国败了，丁公本以为自己对刘邦有恩，他会投桃报李。没想到刘邦翻脸不认人，砍了丁公的脑袋不说，还警示手下："后世毋效丁公。"对他示好的人就是这样身首异处的下场。

相反，对刘邦破口大骂的人，不少都高升了。比如被世人称为"狂生"的郦食其刚刚投靠刘邦的时候，刘邦故意在召见郦食其的时候让两个美姬为自己洗脚。狂生当然不满了，人家当场就发作了，指着刘邦鼻子说："你就是这样重视人才的吗？"结果刘邦赶忙赶走了姬妾，请郦食其上座。

所以栾布临死之前的仗义执言当真是号准了刘邦的"贱"脉，救了自己一命。

因为刘邦的赏识，栾布虽然没有留在中央做官，但在地方上倒也干得红红火火。到了文帝刘恒继位的时候，栾布已经做到了燕国的丞相兼大将军。景帝时期七国叛乱，栾布披挂上阵，剿灭叛军，立下了赫赫战功，封侯拜相。

栾布忠勇贤达的美名远播，尤其是齐国的老百姓将栾布当做乡亲，燕国的百姓觉得栾布在燕国发迹，争相为他立庙，大大小小规模不一的栾公社遍布河北、山东两地。我想后来的关帝庙一定受到过栾公社的启发。

别看栾布为人低调，不善言辞，但是回看人家的一生，你会发现什么叫做书写传奇。栾布被贩卖到燕国做奴隶的时候，敢于杀死挑战主人权威的大小痞子，第一次为自己赢得了忠义的侠名；彭越尸首分离，他敢伏尸痛苦，忠勇之名享誉洛阳；面对皇上和油锅，他能为彭越申辩，从容赴死（当然，没死成），大仁大勇大义天下皆知；最后服侍汉朝三代皇帝，居功至伟，民众自发建立"栾公社"，完成了从凡人到伟人再到神人的进化。这样的人生何处不传奇？

徘徊在官侠之间的人

原涉，陕西茂陵人，王莽时代最著名的游侠。他的出身很不简单，老爸是汉哀帝时候的南阳郡太守，俸禄两千石，论级别相当于现在的省级高官。身为名副其实的高干子弟，原涉一边读书，一边习武，时不时做点惩恶扬善的事情，满足自己的英雄情结。顺便提一句，汉哀帝就是那个著名的"断袖之癖"的"男一号"。哀帝刘欣虽然不才，但是从高祖打天下传到他手里已经是第十三代了，国家殷富。

按照当时的风俗，为死在任上的官员办丧事收份子不算贪污，完全可以当做正当收入的一部分。很多官员带病坚持工作，争取"以身殉职"最大的原因就是可以在死后为家人捞一笔丰厚的棺材本钱。原涉的老爸刚好就是死在南阳太守的岗位上，原家发财的机会来了。有人估算过，南阳物阜民丰，如果原涉敞开了收份子的话，起码能敛财千万石以上，相当于其父五年的俸禄了。

可是原涉没有发死人财的兴趣，人家对送上门的份子分文不收，独自扶起父亲的灵柩回老家了。原涉的廉洁任孝让南阳郡的百姓十分感恩，他们大肆弘扬他的美德。这可苦了后来上任的太守们，他们死了之后不收钱于经济有损，收了钱于名声有损，进退两难。

再看原涉，扶灵回乡之后安葬了父亲不算，还在父亲的坟前结庐而居，守孝三年。这一招太狠了，一个20多岁的小伙子能耐住寂寞，不近烟酒、不近女色，绝对是做大事的材料。"丁忧"这事放到宋明很正常，谁要是做不到三年的守孝会被社会舆论谴责的。但是在汉朝执行得并不严格，虽然董仲舒已经提出"罢黜百家，独尊儒术"了，但像朱熹一样"存天理灭人欲"的理学大师还没有出来，社会舆论环境还是很宽松的。所以原涉特立独行的结庐守孝让他名扬京师，连续几年都荣膺"道德模范"、"十大孝子"的光荣称号。

三年之后，原涉为老爸守丧期满，恢复到可以婚娶、娱乐、做官的正常生活轨道之后，一顶官帽送到了他的头上。有人举荐原涉做谷口县令，举荐原因也很简单，不是因为他显露了做县令的政治才华，而是他的名声足够响亮、足够正面。

自古以来，忠臣孝子都是世人敬仰的楷模，甚至很多人将两者画了等号，认为孝子必定是忠臣。也是从汉武帝开始，有了"举孝廉"的升官途径，官方名称叫——察举制，就是地方官有义务为朝廷推举贤才，孝子和廉吏都是被举荐的对象。

原涉本身就是"官二代"，对做县令的新工作倒是不怵，稍做准备就要赴任。此时已经有人告诉原涉举荐自己为官的人是当朝大司马师丹。他即将赴任的谷口县在咸阳的西北部，此地民风彪悍，治安不好，经常有强盗出没。说来也怪，这些强盗们听说新任县令是原涉之后，一时间消停了不少。老百姓们击掌相庆，欢呼谷口终于能看到"朗朗青天"了。这件事情让天下的读书人和以大侠自居的武人们都很自豪，争相把原涉归到自己的阵营。

可我们的原涉同志丝毫没有成为名人的自觉，依旧我行我素，不管是言语还是行动都个性十足。很多人都羡慕原涉年纪轻轻（20多岁）就做了县令，前途无量。可人家还真没把这个官职放在眼里，仅仅干了半年就辞官不干了。一心向往江湖豪侠生活的原涉受不了官场虚与委蛇的那一套程序，脱下官服要浪迹江湖。

当然，他辞官也有直接原因，那就是他的叔叔得罪了茂陵一个姓秦的人，被人家干掉了。原涉不是崇孝之人吗，父亲死了就以叔父为尊。如今叔父横死，他自然要报仇雪恨。于是，人家潇洒地"封金挂印"，茂陵报仇去也。

还没等原涉到达茂陵，秦氏就被其他仇家杀了。原涉大仇得报但不是通过自己的力量成功的，心里感觉很奇怪，说不上是高兴还是郁闷，但是他也明白了行走江湖的第一个准则："出来混，总是要还的。"

出于自保的考虑，原涉决定广交朋友，他觉得朋友多了敌人就少，这样被暗杀的可能性就会大大降低。说到结交天下豪杰，原涉的指导思想就是四个字"多多益善"。所以与他日常往来的人不管身份高低贵贱，只要有一点可取之处，都是原涉的结交对象。他有钱、有名还有心，很快就成为江湖中崛起速度最快的一位大侠。

有人看不惯原涉这种大侠中的"暴发户"，对他说："你本来是太守之后，又有贤名，这是多少人羡慕不来的事情！可你不知道珍惜，为了报仇而辞官也就罢了，还算是仁义之举、性情中人。可你现在天天和一帮粗豪的武林中人大碗喝酒，真是自甘堕落，让祖先蒙羞啊！"

这个人说完之后还有些担心原涉会对他使用暴力，没想到人家打了个比喻，就把他"雷倒了"。原涉笑嘻嘻地说："你见过寡妇吗？她们刚刚守寡的时候都是三贞九烈的，可是一旦被坏人侮辱了，也就渐渐习惯有男人的日子。她们也知道改嫁不是件光彩的事情，可还是忍不住要改嫁。哈哈，你就当我是这样的寡妇好了！"堂堂男子汉，竟然这样作践自己，这样随性而为的人除了原涉还真找不出几个了。从此再也没有人敢挑战原涉的脸皮了。

真正的江湖儿女经济困窘的占多数，像原涉这样家资丰厚、出身宦门的人大都不愿意涉足这个圈子，所以原涉的地位比较特殊。应该说他是官二代中最具有侠客气息的人，江湖儿女中最具有贵族气息的另类。

　　如果原涉结交各路英豪的资本只有昔日的名声的话，肯定有失效的一天。他知道只有多做几件实事才能巩固自己已经取得的江湖地位。为此，他仗义疏财、解危济困的段子层出不穷，一直被圈里人津津乐道。一次，原涉参加一位朋友的饭局，可席间少了一位客人。原涉随口问了问："老张今天怎么没来，这家伙不是最喜欢凑热闹吗？"

　　有人就说："别提了。谁不知道老张喜欢凑热闹是因为跟着我们能吃香的喝辣的。而今他妈重病，他就是再喜欢喝酒也得在家伺候着。"

　　原涉是个细心的人，把老张的妈妈有病的事放在心上。他是个大孝子，见不得老人受苦。酒席散了之后，原涉问清了老张的住址，打算过去看看有没有需要帮忙的地方。既然老张手头紧，他倒是可以支援一些。

　　到了老张家门口，原涉还没敲门就听见里面哭天抢地的声音。看来是来晚了一步，老太太已经病逝了。原涉就想着既然来了，那就进去祭拜一下吧。可他进门之后才发现老张家真是穷得可以，一家人不仅仅在哭死去的老人，还在为没钱下葬懊恼呢。他亲自料理过父亲的丧事，对这一套流程倒是熟门熟路。原涉将葬礼需要的物品列了一张单子，让张家派一个信得过的人出去采买，当然钱是他出。老张风风光光为母亲办了丧事，对原涉感激不尽，逢人便说原涉的好处。

　　急人之所急正是江湖好汉们最欣赏的风格。这样的好事做多了，原涉就成了关中群雄的领袖人物。他和朱家、剧孟一样，也收容了不少犯事的人，把这些危险分子当座上宾养着。

　　一般情况下，当有人把收容罪犯当成侠义之举的时候，最高统治者的地位肯定受到质疑了。汉成帝刘骜浑浑噩噩地坐了25年江山之后，刘氏几乎就是日薄西山的局面了。继位的哀帝更不像样，为了一个美男子董贤不惜惹下滔天骂名。再后来的两个小皇帝就不用说了，根本就是玩偶。皇权威严减弱的时候，收容犯人的行为也就不再令人震惊了。

要问西汉末年谁是王朝的当家人，答案非王莽莫属。后世很多人对王莽了解不多，只记得历史课本中提到的"外戚专权"这样的字样就将王莽当成了无耻篡位的白脸奸臣。

可真实的王莽却是被看做"周公再世"挽救汉王朝大厦不倒的不二人选。人家温良恭俭让，尊老爱幼、礼贤下士，所做的每一件事都让人无法挑剔，名声好得很呢。就是这位未来的"新朝皇帝"看上了原涉，有心拉他入伙。

当时不少人上书原涉窝藏杀人犯，应该法办。王莽略施手腕，就把原涉拉拢了过来。他下令拘捕那些犯人，抓回来之后又找个理由放了。这样猫捉老鼠似的玩了几次之后，原涉有点害怕了。他自打辞去县令一职后逍遥了许久，终于明白了"大隐隐于朝"的意思，打点了一些父亲往日的同事，求这些叔叔伯伯们帮他入仕。原涉的要求很简单，做个师爷、幕僚之类的小官就可以了，他没有飞黄腾达的奢望，只想明哲保身。

也许是年龄大了，原涉已经没有了当年初涉江湖时的万丈豪情。他老老实实地做个小官，连饭店也不大去了，想改善伙食的时候就让家仆到集市上去买。不想就这样小心翼翼，还是出事了。事情出在原涉的家仆身上。这位大哥没能领会自家主人要低调的精神，还停留在主人做豪侠时无拘无束、无法无天的思想境界。他买肉的时候嫌屠夫服务态度不好争吵了起来。两个莽汉觉得吵架不过瘾就动手动刀子了。结果是原涉的家仆小胜一场，身上挨了几拳之后夺到了杀猪刀，将对方捅伤了。

这件案子可大可小，关键是看有关部门会不会抓住不放。此地的父母官是一个姓尹的代理县令，这个人心眼小，上任的时候给原涉递过请帖，可原涉怕自己道贺夺了人家的风头，就没有上门拜会。尹代县令对此很是不满。这下查到了原涉"纵凶伤人"的案件，当然不会放过立威的机会。他派了两个差役为原涉"免费站岗"，弄得没人敢进原涉的大门。

当地的豪杰们都久闻原涉的大名，很同情他的处境。几十个人凑到一起商量一番，决定联名去找尹代县令，请他放原涉一马。尹代县令头上还顶着个"代"字，对这些有分量的民间代表也不敢得罪，就准了他们的请求，把派到原涉家门口的"保镖"撤了回来。豪杰们再去鼓动原涉来向县令赔个不是，这事儿就算揭过去了。原涉照办了，尹代县令也大方地表示不再追究此事，还很给面子地把原涉等人送出了府门。

地方豪杰们觉得脸上有光，能调停名人和官府之间的龃龉，当然是大事。尹代县令可没有这么乐观，在他看来，原涉来向自己负荆请罪肯定不是自愿的，心中一定有怨气。他请那么多民间人士来向自己施压，县令大人也不高兴。这件事结束了，但原涉和尹公的矛盾才刚刚开始。

一个叫王游公的人是尹公的下属，这个人还是原涉一位好朋友的同母弟弟。如果原涉年轻的时候不那么张扬跳脱的话，可能也会成为王游公的好友。可是他名声太响，早就引起了王游公的妒忌。他哥哥祁太伯总拿原涉和王游公比，比完之后总是恨铁不成钢地训诫他一顿。原涉不知道自己早就成了这个年轻人的阴影，成为人家向上爬的动力。如今王游公逮到了落井下石的机会，当然得好好运作一番。他察言观色，发现尹公表面上原谅了原涉，实际上还是不甘心的。

小人要害人的方法很多，最简单易行的就是散布谣言了。王游公悄悄进言，第一句话就触动了尹公的内心。他先说："您以代理县令的身份羞辱了原涉，我很佩服您的勇气。但是如果您不能转正的话，就得回到原籍做府吏。我可是听说原涉的宾客中不乏刺客杀手，如果他怀恨在心的话，您就是死了都未必知道是谁干的。"

这个提醒来得太及时了，尹公正琢磨就这样放过原涉不甘心呢，如今王游公重提此事，说不定有什么妙计呢，且听一听。

"可屠夫毕竟是原涉的家仆砍伤的，并没有证据说家仆是原涉指使的呀！"尹代县令为难地说道。

"虚伪！"王游公知道尹代县令在等自己为原涉罗织罪名，暗骂了一句接着说："您难道不记得原涉为自己父亲修筑的坟墓超过法制了吗？对于一个太守来说，那么豪华的坟茔不是奢侈过分了吗？您大可在这做文章……"

两个人密谋许久，抬起头来相视一笑，仿佛已经看到了原涉倒霉的样子。原涉也是够倒霉的，这样的败类一下子就遇上了两个。原涉的宅子和父亲的坟墓被捣毁了，他以往的罪名也被尹代县令搜罗好之后分条上奏，他好不容易树立起来的正面形象正在一点一点地崩塌。尹代县令如愿去掉了

"代"字，成为尹县令。原涉将这笔账记在心头，等着"秋后"结算。

王游公就没有那么幸运了。原涉又恢复了以往"有仇不过夜"的性格。他让大儿子原初带着一些身手高明的"宾客"（收容的犯人）蒙上脸洗劫了王游公家。王游公的母亲也是祁太伯的母亲，所以这些人对老太太很客气，没敢动人家一根头发。但他们割下了王游公和他生父的人头，带着满满几大车财物扬长而去。

这一次的报复行动大快人心，让原涉又找到了往昔的感觉。他像以往一样宽厚对待前来投奔他的人，对得罪他的人不再隐忍，一连杀了很多人。

前面提到的提拔原涉做县令的师丹被哀帝撤职了，后来又被王莽起用。师丹和很多人又一起向王莽推荐原涉，说他是个人才，王莽免了原涉杀人的罪过，封他为"镇戎大尹"。"大尹"其实就是太守，是王莽新政对原来的官职新改的名字。原涉坐到了和父亲当年一样的高位，也算不错了。

但不幸的是他上任之后遇上了"老朋友"尹公，他们两个人都是大将军申屠建的部下。申屠建知道了这两个人的"旧事"，就做起了调解员，命令他们握手言和。可原涉没有听命，派人刺杀了尹公。申屠建觉得原涉不给自己面子，同时也不喜欢这样自作主张的部下，找个理由把原涉杀了。

原涉亦官亦侠的人生到此结束。他能做官的时候向往侠客的潇洒，做了侠客之后羡慕官员的安逸，两种职业都没能好好适应，最后死在上级的手里，也是他立场不正确的必然结果。玩世不恭的侠客在江湖上有市场，不听差遣的下属在官场上却是举步维艰。

第三章 英雄与名士的出位"潜规则"

三国如同战国，又是一个英雄和奸雄辈出的灿烂时代。在乱世背景下，武力值越强的猛人与"大智近乎妖"的谋士层出不穷，以至于之后一千多年的岁月中，这种盛况始终难以再现。两晋南北朝，血雨腥风并未减少，朝代更迭也更加频繁，但留给世人印象最深的却是江左豪门，是名士风流，是旧时王谢，是阮籍的长啸和嵇康临终之前的一曲《广陵散》。

仅有英雄如云，不是三国魏晋的全部；仅有清谈玄学的名士，也不是这个时代的风骨。名士与英雄交辉，家族与个人呼应，这才是完整的恢弘乱世。

第一节 混三国，讲实力还得有关系

主公们的乱世生存法则

如果朝代也有性别，那么三国绝对是当之无愧的热血男儿！上下五千年，只有三国时代在短短的几十年汇集了如此之多如云如虎的英雄好汉们。英雄、枭雄、阴谋、阳谋、水战、火攻，轮番上阵，为后人奉献了一场无法复制的动作大片！

各为其主的谋臣武将们固然看点颇多，他们的主公更加不容小视。能让这些智商超群、武力超群的猛人们死心塌地追随的主公又岂能是平庸之辈？

汉末之乱，第一位崛起的大哥应该是那位董卓先生了。很多人对董卓、吕布和貂蝉的三角恋比较熟悉，对董卓因何从一个西凉军阀变成当朝太师恐怕不太了解。原来是灵帝时期的宦官团体"十常侍"闹得动静实在是太大了，汉廷之中没有人管得了这些无法无天的大宦官们，连皇帝都被他们玩弄于股掌之间，张口就说"张常侍是我父，赵常侍是我母"这样的话。其中最为着急的就是灵帝的大舅哥何进何国舅了。当时，灵帝刚刚下葬，何进和妹妹何皇后就迫不及待地把刘辩扶上皇位，奈何"十常侍"很不满意，非说陈留王刘协更适合。

外戚和宦官这两个自古以来就对立的阵营为了争夺皇位，不论明争还是暗斗，都十分激烈。何进为了巩固自己外甥的帝位，向陇西最有实力的军阀董卓求救了。他和当朝最著名的"官二代"袁绍共同商议之后，以圣旨的名义请董卓率大军入洛阳来"清君侧"。

也是何进点背，董卓大军还没到呢，不知道是谁走漏了风声，他被宦官头头儿张让"先下手为强"了。随后，袁绍和自己的发小曹操一起入宫，将所有的人杀了个一干二净。这样一来，本来该董卓诛杀的人都死光了，他也就不必出兵，继续在凉州做土皇帝好了。

可是董卓是那样安分守己的人吗？好容易有了出兵都城的机会，他怎么可能错过呢？袁绍和曹操两个后生不是董卓的对手，他很快就逼走二人，控制了皇宫，做起汉末第一任"挟天子以令诸侯"的买卖。

看看董卓在洛阳城的行为，我们不禁慨叹这位老兄还真是把自己当外人了。为什么这么说呢？他到了洛阳之后放纵手下的兵士打家劫舍、强抢民女，几乎是无恶不作。这分明是军阀到了别人的地盘上啊，关键是董卓已经是当朝太师，朝廷的实际掌权者了。小皇上也好，何太后也好、陈留王也好，哪一个不是战战兢兢地看他的脸色活着？这样糟践自己的名声，不是明摆着等别人来造自己的反吗？

　　果然，很多人看不下去了。尤其是因为董卓的来到而灰溜溜出宫的袁绍、曹操等人更是愤懑不已。他们要成立"反董联盟"，将这个老匹夫再赶回凉州去。成立一个组织总得有个宗旨、有个缘由吧？曹操和袁绍不假思索，就拿董卓欲废少帝刘辩、新立陈留王刘协为由，足够了。

　　说实在的，谁都看出来老刘家的江山经过这四百年的风吹雨打，气数已尽了。尤其是近几年，不是外戚专权就是宦官专政，做皇帝的刘氏子孙个个都是体弱多病，英年早逝，实在没有中兴的气象了。所以说谁做皇帝其实是无所谓的，只要大家的利益不受损害就行了。

　　可现在董卓一个外来户，跑到中原来对帝位指手画脚那就不行，不讨伐显不出咱们中原爷们的脾气。于是，在曹操的大力推动下，"反董联盟"拉起了架子，就等着往里拉盟友了。

　　按说既然曹操是"反董联盟"的发起者和组织者，由他来当盟主再合适不过了。可曹操要真这么想他就不是那位"治世之能臣，乱世之奸雄"了。他说"袁本初四世三公，门多故吏，汉朝名相之裔，可为盟主"，自己就勉为其难，做个副盟主吧。

　　细心的朋友看到这个理由可能会心一笑，因为袁绍的出身好、号召力强就能当盟主是一方面，恐怕因为袁绍这个人能力不如自己，耳朵根子软，比较容易控制才是根本目的吧？有人问：其他诸侯们就没有人觊觎这个盟主的位子，心甘情愿听从袁绍的号令？这就多虑了，这些诸侯哪个不是人精，大家都知道"枪打出头鸟"的教训，之所以聚到一起不过是想看看从中能得到多少新地盘这种实惠罢了，谁会为了一个虚名为难这两位热心的组织者？

据罗贯中先生代为统计，曹操一共发出了17张邀请函，连同他自己的力量一共是十八路兵马。其中大家比较熟悉的有袁术、孔融、公孙瓒、袁绍、孙坚、马腾（马超的父亲）等人。这个结盟仪式搞得还是很隆重的，众多掌握一地生杀大权的诸侯们会聚一堂，歃血为盟，信誓旦旦要戮力同心，共讨董贼。

这十八路诸侯单独拎出来任何一支队伍，恐怕都不好应付。偏偏曹操要把这些人马兵合一处，声势是壮大了，可实力就一定增强了吗？这些骄兵悍将哪一个不是只有自己没有别人的主？想让他们真心合作，真是难如登天。

果然，当讨董战争刚刚打赢了第一仗，应该乘胜追击的时候，绝大多数人就想散伙了，他们还要到董卓仓促扔下的洛阳皇宫中"寻宝"呢。君不见孙坚的传国玉玺就是那个时候到手的吗？最后，只有曹操带着自己的五千人马追了出去，后来就带着残兵败将灰溜溜地回来了。"反董联盟"似闹剧般匆匆收尾了。

尽管"反董联盟"存在的时间比较短暂，但是造成三足鼎立局面的大人物们倒是都露面了。曹操不用说了，孙坚也在其中，刘大耳朵当时在哪呢？大家可还记得"三英战吕布"这场精彩对决，那就是发生在讨伐董卓过程中的重要一战。不过当时刘备没有资格和曹操、孙坚等人平起平坐，他和关羽、张飞兄弟三人是以公孙瓒部将的名义出战的。

汉末之时，袁氏兄弟的实力还是很强的，后来却屡战屡败。其他诸侯也逐渐被后来居上的曹刘孙等人一一击破或者吞并。可见对于超级主公们来说，崛起时间的早晚、一时一地的胜利或者失败都算不了什么。心够黑、脸皮够厚、性格够坚韧，这才是他们能够纵横天下的生存法则。

这个男人真的不简单

夏侯霸的名字在名将如云的三国时代并不算如雷贯耳，但是分析过这个人的关系网之后，我们不禁感叹：这个男人真的不简单！

他的老爸是魏国名将夏侯渊，他的姨夫是三国最负盛名的枭雄曹阿瞒（曹操小名），他的堂妹上山打柴被猛张飞劫走做了夫人，他的女儿在司马氏当政之后嫁给了西晋的开国元勋羊祜羊叔子。如果加上女儿的大姑姐羊徽瑜是司马师的皇后、女婿的姨妈就是自己姨夫曹操的梦中情人蔡文姬小姐的话，这个关系网就更加错综复杂了。

夏侯霸是夏侯渊的次子，按常理来说，应该是名副其实的"将二代"才对。夏侯渊在曹操手下东征西讨，战功赫赫，这样的荣耀谁人不晓？可能是曹操为了照顾自己这位本家兼连襟兄弟，在平定张鲁之后没有让他跟着回大本营，而是授予他征西将军的大权，镇守汉中。刘备要出蜀的话，汉中是必经之路。双方在这里僵持了一年多，也没有分出胜负。后来定军山一战中，老将黄忠出马，夏侯渊死在阵前。

老爸的死讯传来之后，夏侯霸对蜀汉政权恨得咬牙切齿，总是自告奋勇要征讨刘备大军。没有老爸罩着，年轻的夏侯霸的仕途并不是很顺利。经过六年战场厮杀，他才做到了偏将军，被封为关内侯。曹魏集团的人都知道夏侯霸与蜀汉有着不共戴天的杀父之仇，每次对蜀汉开战，都让夏侯霸打先锋。因为作战格外卖力气，夏侯霸逐渐受到大将军曹爽的重用。

魏明帝曹睿临死之前，就是将养子曹芳托孤给曹爽和司马懿的。以后来人的眼光来看，曹睿的眼光还是很独到的。虽然曹爽和司马懿不会好好帮着他的后代打理江山，但这两位老兄的能力不容置疑，他们能将原本三足鼎立的天下大势搅得变了格局，那本领的确不一般。

再说在曹爽的关照之下，夏侯霸的军旅生涯开始有了起色。正始五年（公元224年），夏侯霸被小皇帝曹芳封为讨蜀护军、右将军，进封博昌亭侯。看看"讨蜀护军"的官职，我们很难想象几年之后，夏侯霸会倒戈成为蜀汉的重臣。

这种戏剧性的变化发生在曹爽和司马懿较量失败之后。曹爽再有才也比不过心机深沉直逼诸葛孔明的司马懿，两个人为争夺掌控曹氏江山的实权斗得不可开交。最后还是司马懿技高一筹，不但让自己的儿子成功取代了曹氏，坐上金銮殿，还把昔日的对手曹爽夷灭三族。

曹爽一死，夏侯霸不干了。本来他留在魏国是出于对曹氏家族的忠心，对曹爽大将军的知遇之恩，现在曹家人已经没了，换成了他不喜欢的司马氏控制了政权，那么魏国就不是他的归宿了。

　　离开魏国之后，何去何从成为夏侯霸的一大难题。本来天下就是三分，现在魏国不能待，吴国不熟悉，蜀汉是仇敌，夏侯霸觉得天下之大已经没有自己的容身之地了。思来想去，还是常年敌对的蜀汉更熟悉一些，更重要的是，他还有杀手锏留在蜀汉。

　　蜀汉国君刘备的结拜兄弟张飞不是掳走了自己的堂妹吗？现在可好了，张飞这个莽夫还算够意思，对自己的堂妹礼遇有加，还生了两个如花似玉的外甥女。而且很早就听说，刘备的儿子刘禅很喜欢自己的外甥女，已经将姐妹二人都纳到后宫了。十几年前，大外甥女敬哀皇后去世了，刘禅还不错，又将二外甥女立为皇后。有了做皇后的外甥女撑腰，自己果真到了西蜀的话，应该能享受国舅爷的待遇吧？

　　想通这一点，夏侯霸不再犹豫，动身来到蜀汉。刘禅得知老婆的娘家舅舅来了，马上派人出城迎接。原本，夏侯霸还有点犹豫，蜀汉的将领们会不会因为自己常年奋战在两国交兵的第一线而为难自己？可是刘禅的一番话打消了他的顾虑。

　　世人都说"扶不起的阿斗"，可在夏侯霸眼中，这位外甥女婿还是很仁义的。身为一国之君，刘禅一点架子都不摆，还主动解释："战场之上，刀枪无眼。你的父亲是死于乱军之中，我的部下也是为国尽忠，不存在什么化解不了的深仇大恨。"

　　这样一来，夏侯霸顿时放松了不少。刘禅紧接着又指指自己的儿子说："这小子是刘家的骨肉，也是你们夏侯氏的子侄。"这种示好谁看不出来？于是，蜀汉众将没有人敢找夏侯霸的麻烦，夏侯霸也开始努力适应自己的新环境、新职位。

蜀汉自立国以来，念念不忘的就是北伐中原，这个事业从刘备到刘禅，从诸葛亮到姜维，已经进行了几十年。不管成效如何，这件事已经渗到他们的骨子里，成为使命一般存在。

夏侯霸很快就明白了自己入蜀之后，上上下下都对自己礼遇有加，不光是沾了外甥女是皇后的光，更重要的是自己曾经身为曹魏集团高级将领的身份。对故国的熟悉、对魏军内部情况的了解才是夏侯霸这个"叛国之臣"备受重用的根本原因。

作为从敌国内部投奔过来的高级将领，夏侯霸掌握的情报不可谓不重要，至少丞相姜维就非常重视"国舅爷"这点好处，经常就伐魏的事情来征询夏侯霸的意见。"忠臣不事二主"的警告对于乱世枭雄来说根本不是问题。关键是，当你身在一国的时候，就要全心全意为这一国服务。了解到这一乱世生存准则，才能活得如鱼得水。

夏侯霸在蜀汉受到的礼遇甚重，但是很多与魏国对抗多年的悍将还是不买他的账。比如说他比较敬重的荡寇将军张嶷就是其中之一。夏侯霸有心结交张嶷，放下身段主动示好，说想交个朋友。张嶷却说："咱们两个互相之间并不了解，谈什么交心呢！不如等个两三年，互相了解得多一些再说不迟！"

尽管如此，他在蜀汉的地位还是步步高升，最后成为蜀汉为数不多的得到谥号的臣子。可惜的是，夏侯霸谥号是什么，正史当中没有记载，只是含糊提了一句是追谥的。即便这样也很了不得，因为整个蜀汉立国四十二年，死后得到封谥的人不过十几个而已，夏侯霸也算死得光荣了。

从一个圈子进入另一个圈子远远不是一件容易的事情。总是圈子边缘人的话，这样的更换门庭也许还不算困难，但是想要从一个圈子的核心转移到另一个圈子的核心，没有足够的资本，那是不可能玩转的。夏侯霸能从魏国征蜀护军做到蜀国的车骑将军，裙带关系和自身实力缺一不可。

混乱世，出身好还要有实力

士族就是中国古代的特权阶层，用西方人的观念来看，也可以称之为贵族。在中国历史上，门阀士族影响最为深远的时期是在东汉到唐朝这六七百年的时间。

如果说两晋时期是门阀最为鼎盛的巅峰时期，那么处在两头的汉末和唐初就分别是士族兴起和消亡的低谷。本来刘秀的东汉政权就是在豪强地主的支持下建立起来的，所以把持地方经济大权的大家族逐渐就形成了名门大族。荆襄蔡氏家族正是汉末乱世当中极为显眼的豪门大族之一。

在这里，我们要说的主人公叫蔡瑁。熟悉三国的人都知道这个人本来是荆州刘表的水军将领，后来依附了更有实力的曹操，但是在东吴周瑜巧妙使用了反间计之后，蔡瑁和搭档张允被曹操给"咔嚓"了。少了这两位水军人才，曹操的八十万大军才在赤壁一战中元气大伤，给了孙、刘两家喘息的机会。

蔡瑁本人的治军能力如何，暂且不提，单看蔡家错综复杂的人际关系就知道豪门望族的关系网无论何时都不能小觑。蔡瑁的老爸蔡讽是蔡氏家族的族长，家底丰厚。看看后来蔡瑁投靠曹操的时候，府中的美女就地一划拉就是几十个，比曹操的后宫还要讲究。

她姑姑嫁给了东汉位列三公的太尉张温。别管张温的官位是花钱买来的还是自己勤勉执政应得的，这份荣耀确确实实降临在张温头上，身为内侄的蔡瑁焉能不沾点光？

蔡瑁自己也有两个妹妹（也有说两个姐姐），其中一个嫁给了荆州名士黄承彦。这位黄先生是当时文学界的大腕，知名度相当高。要没有这点资本，他怎么有本事把自己的"黄头黑色"的丑丫头许配给"身长八尺，容貌甚伟"的诸葛孔明呢？诸葛亮肯点头答应这门亲事，看中黄姑娘的才华不无可能，恐怕更为看中的还是岳父雄厚的人脉资本吧。

蔡瑁的另一个妹妹嫁给荆州"一哥"刘表做了后妻。想想看，刘备一个编草席、卖草鞋的人都能自称"中山靖王"，让别人叫自己一声"刘皇叔"，就可以知道汉朝人多么注重自己的族谱、出身。刘表这位手握重权的荆州牧更不必说了，那是正宗的皇室宗亲，比刘备这位"中山靖王之后"的血统高贵了不知凡几。刘表的野心相对于逐鹿的汉末群雄来说并不大，他只想管理好自己荆州这一亩三分地。有句话怎么说来着，叫"匹夫无罪，怀璧其罪"，刘表本身无大过，但他控制着能够影响天下格局的荆州、襄阳等兵家必争之地，就等于得罪了所有觊觎天下的野心家们。

如果说三段显赫的政治联姻还不够说明蔡家势大的话，我们再看蔡瑁的亲族故旧都是什么身份。郿相蔡瓒、巴郡太守蔡琰都是蔡瑁的堂兄弟。至于他本人，则是南郡竟陵太守、镇南大将军军师。

有人说，蔡瑁能当上竟陵太守、镇南大将军军师，都是刘表的主意，谁让人家有个漂亮的妹妹嫁给刘表做续弦了呢？可是，刘表虽然说不上圣明，好歹也是割据一方的霸主。如果蔡瑁真的是"烂泥扶不上墙"，他怎么能够放心把军政大权交给大舅哥呢？

在靠拳头说话的乱世，谁不知道保存实力才是关键，有几个人会为了照顾亲戚的面子葬送自己的江山？这样算来，蔡瑁还是有一些真本事的。至少，他在水军方面的操训能力就能让刘表放心，让曹操留心，让周瑜担心。蔡家将女儿嫁给年迈的刘表固然有给自己找乘凉大树的意思，刘表"放牧"荆州，未尝没有刻意拉拢当地士族，助他顺利展开工作的意思。

蔡瑁为后人不喜的原因有一点是他不支持刘表的长子刘琦，而是处处维护次子刘琮的利益。如果您知道刘琮的生母是蔡夫人，他是蔡瑁的亲外甥的话，还会拿这件事来指责蔡瑁吗？"帮理不帮亲"的人是圣人，"帮亲不帮理"的蔡瑁是凡人。

在帮助自己外甥夺权的过程中，蔡瑁与刘皇叔发生了冲突。因为刘备前来投奔刘表之后，一直是支持刘琦大少爷的。刘备虽然实权不大，也没有自己的地盘，但人家有一个人所不及的优势就是名声好。荆州士族虽然以蔡氏家族为首，但是眼看着蔡家的权力一步步膨胀，其他士族除了愤愤不平之外，就要想办法防止蔡氏一家独大了。拥有庞德公、庞统这种谋略型人才的襄阳庞氏家族就是蔡氏之外的大族，他们选择支持刘备显然是出于保存家族势力的需要。

刘备有了襄阳当地庞氏家族的支持，对蔡瑁的威胁就更大了。正好刘表病逝，曹操来了。蔡瑁知道曹操是不喜欢刘备这个人的，就想借曹操之手来干掉刘备。可是曹操比蔡瑁精明多了，他答应帮助蔡瑁把刘琦、刘备赶出荆州，但是蔡瑁的水军就要编入曹操的大军了。另外，为了显示对蔡瑁以及蔡氏家族的重视，曹操郑重任命蔡瑁为自己的长水校尉，统领所有的水军。如果这样的合作能持续下去，也未尝不是一件强强联合的好事，往不好听了说，蔡氏的产业被曹操这样超一流的大公司给吞并，并不寒碜。

身为东吴将领的周瑜对于蔡瑁的了解应该是最到位的。有句话说"最了解自己的往往不是朋友，而是敌人"，对于蔡瑁来说就是这么回事。刘表和曹操虽然欣赏蔡瑁的才华，但都没有达到周瑜"必欲除之而后快"的重视程度。为了除掉蔡瑁，周瑜巧用了"反间计"，让蒋干盗回了伪造的蔡瑁通敌的书信。曹操一时气愤，就将蔡瑁斩了。没了蔡瑁指挥的曹魏水军对周瑜来说丝毫不惧，于是一场经典的赤壁之战轰轰烈烈地上演了。

一人之身牵扯魏蜀吴三方力量，蔡瑁也算是一号人才了。至于门阀大族出身，靠着姻亲关系与方方面面都有着丝丝缕缕的联系反倒显得不那么重要了。还是那句话，身在乱世，想要进对圈子，靠的不仅是出身，更重要的是审时度势的眼光和乱世自保的能力。有眼光，才能看清形势，投靠明主，有实力保全自己，才能守得云开见月明，坚持到天下三分，互不干扰的那一天。

诸葛家族的"分散型投资"策略

遥远的三国时期，有这样一个分侍三国的好兄弟组合，他们是琅琊诸葛家族的三兄弟——诸葛瑾、诸葛亮以及他们的堂兄弟诸葛诞。

《世说新语》中提到，"于时以为蜀得其龙，吴得其虎，魏得其狗"，就是指诸葛三兄弟分别服侍三位君主，每个人都得到了重用。这里的"狗"是"功狗"，虽然比起"龙"、"虎"稍微弱了一点，但也是有功之臣的意思。

诸葛瑾和诸葛亮的父亲叫诸葛珪，他当过青州泰山郡丞，俸禄是六百石，与儿子们后来的成就没法比，但这位父亲好歹把儿子们带上仕途一路。尤其是老大诸葛瑾备受宠爱，少年的时候，老爸就出钱让他到京师游历，增长见识。

诸葛亮没有哥哥那么幸运，他才六岁的时候，老爸就去世了。诸葛瑾当时也不过是一位十三岁的少年，没有能力供养两个弟弟。叔叔诸葛玄看诸葛亮聪敏伶俐，就向嫂子说他会抚养孔明成人。这样，诸葛亮小小年纪就依附了叔叔，过起了寄人篱下的生活。日后他的性格会那样谨慎，也许与从小就寄住在叔叔家有关。

诸葛玄本来有机会做豫章太守的，可是阴差阳错没有成行。原来，豫章太守周术病死了，他的老朋友刘表就赶紧上表，推荐诸葛玄去替补。朝廷也听说这件事，却派了一个叫朱皓的人也来豫章上任。结果诸葛叔叔跑得慢，朱皓先一步进了南昌城，坐稳了位子。

没办法，倒霉的诸葛玄叔侄只好来到荆州寻求刘表的荫蔽。在刘表的牵引之下，诸葛玄结交了庞德公、黄承彦等当地名流。等到诸葛亮长大之后，也因为满腹经纶得到荆州名士圈子的认可，还有了一桩绝佳的政治婚姻。

诸葛珪一共有三男两女，无论哪个都没让他操心。

诸葛亮不用说了，蜀汉丞相，蜀国的一大半江山都是他打下来的。后主刘禅称其为"相父"，刘备甚至说过要把江山拱手相让的客气话。刘备的虚情假意不必理会，但是诸葛亮确实有取代刘家坐天下的实力和机会。人家不肯逾越，谨遵人臣的本分，不是没有能力，而是不屑夺权罢了。

说起诸葛亮的影响，就得分成生前身后两个阶段了。很多人是"生前寂寞，死后荣耀"，诸葛亮不一样，他活着的时候就是智慧的化身，死了更是忠臣的楷模。成都的武侯祠、河南的卧龙岗、陕西的武侯墓、襄阳的隆中风景区，这些景点已经被后人祭奠了千年，香火始终很鼎盛。

诸葛瑾是诸葛亮的哥哥，经鲁肃引荐到东吴效力，官至大将军，封宣城侯，领豫州牧。诸葛瑾能文能武，是不可多得的人才，在东吴的人缘极好：周瑜、鲁肃、陆逊、孙皎、张昭等不是一个小圈子的人都与他交好。这些人的传记当中一般都只能提到两三个至交好友的名字，诸葛瑾都榜上有名。

两个好儿子已经说过了，还有一个小儿子叫诸葛均，先在南阳老家"躬耕"，后来跟着二哥诸葛亮到了西蜀，弄了一个长水校尉的职位。两个女儿嫁得也不错，大女儿嫁给了原刘表手下蒯鹏、蒯越的弟弟蒯祺，此人当了房陵太守。二女儿嫁到荆州名门庞家，是捧红了诸葛亮的庞德公的儿媳妇，同时也是"凤雏"先生庞统的嫂子。怪不得庞德公当年把诸葛亮夸成一朵花，恨不得全天下的人都来赏识那位"苟全性命于乱世"的人才，原来还有这么一层亲戚关系在里面呢。

诸葛诞是诸葛亮的堂弟，在魏国效力，为征东大将军，封高平侯。尽管《世说新语》当中对诸葛诞的评价最低，诸葛诞的名声也没有两位堂兄叫得响亮，但是他的后代的命运却是最好的。诸葛亮病死五丈原之后，短短三十年的时间，诸葛家族由极盛急转直下，甚至到了灭三族的地步。

只有诸葛诞的后人在东晋时候重新崛起，他的女儿嫁给琅琊武王司马伷（司马懿第五子），他的重孙子就是东晋开国皇帝司马睿。他的孙子诸葛恢，东晋官至尚书令，死后追赠左光禄大夫。这个诸葛恢太有霸气了，当时谢安的父亲主动找他提亲，想娶诸葛家的女儿为儿媳，被诸葛恢以门不当户不对给拒绝了。后来陈郡谢氏没过多少年就成为东晋第一豪门世家，不知道诸葛恢后悔了没有。

两汉虽然重视出身、门第，但是到了三国纷争的乱世，很多传承多年的世家大族都灰飞烟灭了，这让更多的新兴寒门势力有了崛起的机会。刘备本来就是"皇叔"，可以不算，曹氏、孙氏以及诸葛氏都算是三国时代崛起的重要门阀了。曹魏、孙吴都是因皇位而尊崇，只有诸葛氏仅靠一代人的力量，就把家族送上了时代巅峰。时人评价琅琊诸葛氏为"一门三方为冠盖，天下荣之"。

因为蜀国和吴国之间有"抗曹"的同盟关系，诸葛亮和诸葛瑾这对亲兄弟之间并没有因为分侍二主闹什么意见。不过当诸葛亮到东吴进行国事访问的时候，诸葛瑾除了公事上的应酬之外，为了避嫌，私下一次面也不敢见的。两兄弟的谨慎由此可见一斑。

相比较来说，身在魏国的诸葛诞就比较悲催了。因为诸葛亮的原因，他一直是受压制的角色。直到诸葛亮病死，诸葛诞才得到重用，历任要职。诸葛瑾的儿子诸葛恪后来接替了其父的职位，和堂叔诸葛诞在同一时期领兵作战。不知道这叔侄两个有没有短兵相见的时候，真的出现了那样的情况，他们又该如何处理，想必会很精彩的。

按照诸葛家族的如意算盘，魏蜀吴三国都有自己人在，无论哪方最后获胜，统一全国，都能保住另外两支力量。可惜人算不如天算，最后结束三国分治的竟然不是曹、刘、孙任何一家，而是雄心勃勃的司马氏父子。诸葛瑾为人谨慎，精通为官之道，可算是东吴政坛上的不倒翁。可他那个"青出于蓝而胜于蓝"的儿子诸葛恪却没有其父的政治智慧，锋芒太露，以至于后来权倾朝野，遭人嫉恨，被宗室大臣孙峻联合国主孙亮夷灭了三族。

族盛族灭，弹指一挥间，真是造化弄人！

第二节　豪门也分三六九等

史上最著名的簪缨世家

魏晋时期，最时髦的人才选拔机制"九品中正制"讲究的是"上品无寒门，下品无士族"。出来混的人如果没有显赫的家族、没有几个拿得出手的同宗名人，那是不好意思跟人打招呼的。

不过也不是所有的士族子弟都能玩到一起，组成一个大圈子，士族与士族之间也是有差别的。有老牌名门望族，就有当朝新贵，有在一时一地称雄的大家族，也有名扬全国的顶级世家。如果非要在这些世家大族当中评出一个"第一豪门"、"第一家族"的话，琅琊王氏绝对是众望所归。

尽管当时一流的社交圈子还包括皇室司马家族、陈郡谢氏家族、颍川庾氏家族、龙亢桓氏家族等，但是他们并不能与琅琊王氏真正比肩。直到"谢家宝树"谢安、谢玄等人导演了堪称完美的"淝水之战"，将陈郡谢氏的层次再次提升之后，王家才没有一直寂寞下去。也是从那时候起，"王谢子弟"成为绝大多数豪门公子的别称。

可还记得，影响了中国一千多年的《二十四孝》、《二十四悌》当中，分别有一个"卧冰求鲤"的王祥和一个"争鸩舍生"的王览吗？正是这两个异母兄弟，奠定了琅琊王氏三百多年冠冕不绝的基础。他们的孙辈王戎、王衍、王澄、王敦、王导等人，则开启了权倾天下的江左豪门。东晋元帝司马睿在王导、王敦兄弟的扶植下登上九五之尊后，甚至摆出了"王与马，共天下"的超低姿态。

王氏簪缨能够绵延数百年，自然是人才辈出。甚至到了王祥、王览孙辈成长起来的时候，擅长拿当朝贵族调侃的《世说新语》竟然大方地给出了"琳琅满目"这种大赞特赞的态度。

据说，当时有人去拜访当朝太尉王衍，遇上了王戎、王敦、王导在座，心里就惊叹，怪不得王氏家族能够这么显赫呢，看看人家的子弟，个个都是仪表出众，气质不凡。当他来到另一间屋子的时候，又看到了风流倜傥的王诩和王澄，同样是眼前一亮。

出来之后，有人问他："到王太尉府上，感觉如何？"

这人老老实实回答："触目所见，无不是琳琅美玉。"

要说当时王衍的名望权势那么大，来访人的回答未必没有讨好的成分。但是如果王家子弟都上不了台面的话，这人也不会违心说出"满目琳琅"这样的恭维之语。毕竟，两晋的名士还是比较注重名声的，谁也不愿被别人看作是趋炎附势的无耻小人。

有一种家风叫“与时俱进”

在中国，但凡名门望族，都是有族谱传世的，尤其是注重出身的古代，家谱更是撑门面的必备道具之一。在“琅琊临沂王氏谱”当中，娶了一位恶毒后妻，生了两个贤明儿子的王融是琅琊王氏的一世祖，这位王老爷子自身并没有多少值得夸耀的地方，最大的功绩也就是留下了两位名扬后世的好儿子。从王祥、王览兄弟身上，我们看到了王氏得以世代簪缨的些许秘密。

从王祥、王览的为人处世来看，他们比较幸运地出生在重视“忠孝仁义”的大汉末期。如果两兄弟晚生一百年的话，到了“清谈”、“放诞”为主流的东晋，就成了迂腐之人的代表了。换句话说，当时还是儒家传统思想占据社会主流的时候，不需要通过层层考试，然后再去和几千人共同竞争一个并不起眼的位置。

当然，也不是说想当汉朝的公务员就很容易，不用选拔就能通过。实际情况是，当时有一个“察举制”，凡是为人忠厚孝顺、感动天地的人都可以被上官举荐为储备型人才，一旦有了空缺，就能当官赴任了。

不知道是无心插柳还是有意为之，王祥和王览的名字分别出现在了流传千古的《二十四孝图》和《二十四悌图》中，成为当时“忠孝双全的政治明星”。这样的人才当然要被当局树为典型，教育子民了，于是这兄弟二人的名字出现在国家宣传部长的桌案上，共同成为全国人民学习的榜样"道德模范"。

成为"道德模范"给王家兄弟带来的直接好处，就是好名声为哥俩儿"联通"了步入仕途的圈子。既然当时还讲究"举孝廉"，那么作为推举人来说，没什么名望的人和全国性的"道德模范"哪个成功率比较高自不必说。所以，王氏兄弟在家坐着，就"屡受征辟"了。

这个时候，如果王祥或者王览禁不住做官的诱惑，年纪轻轻就出山的话，很可能用不了多长时间就在官场翻船了。这两个人厉害之处就在于沉得住气，他们会"端着"。任谁左请右请，他们是坚决不出来。这样一来，两个人的名声更是显赫，知道他们的人越来越多。

时光推移，王祥兄弟这一等，竟然从汉朝的年轻人变成了魏国的老头子，眼看就没什么风光的机会了。可是原来跟随曹操的吕虔将军如今做了徐州刺史，凑巧还听说了隐居到此的王氏兄弟的故事。吕刺史就仿效自己大老板曹操求贤若渴的姿态，亲自邀请王祥出山，做自己的高级助理，请他全权处理徐州府的日常事务。

王祥一开始还推辞，毕竟都"端"了三十来年，推辞不就成为习惯了。这个时候还是王览出了主意，他悄悄告诉大哥，再推辞下去，恐怕王家这辈子都没有出头之日了。这个吕虔刺史既然如此诚心相邀，大哥还是从了他吧。

王览知道王祥迟迟不愿意出仕还有一个担忧，就是自己的年龄问题，毕竟都是年过半百的人了，这个时候再出来折腾怕人笑话。王览没有这个顾虑，他就劝大哥说岁数大点怕什么，姜子牙不是八十岁了才遇到周文王吗？您现在还不到六十岁，正当年呢。这样，王祥在吕虔和王览双面夹击的情况下，担任了徐州府的二把手。

还别说，这年岁大的人当官就是稳妥，王祥在极短的时间内就把徐州治理得井井有条。当时还有海盗出没，王祥也毫不手软，亲自率兵讨伐，打得盗匪们求爷爷告奶奶地逃走，再也不敢来犯。

有一个小段子很有意思，讲的是吕虔如何笼络王祥的故事。据说吕虔有一把佩刀，特别的珍贵，有相术大师看过此刀后就说，"必三公可服此刀"。什么意思呢？他是说这把刀太特别了，一般的人根本不配拥有它，弄不好还会倒霉，只有位列三公的人才能降伏这把刀，这刀会给他真正的主人带来好运。

吕虔就很郑重地将这把佩刀赠送给了只是自己助理的王祥，并预言王祥将来会超越自己。后来的事情果然如同吕虔所预言的那样，王祥的官职越做越高，不但在曹魏时代风光无限，到了司马氏掌权的晋朝也是游刃有余，全身而退。

王祥升职到中枢机构，位列九卿的时候，正是司马氏权势滔天的时候。他能得到曹氏的信任，还能不被司马氏排斥，这样的人才绝对是玩政治的高手，怪不得他们琅琊王氏的富贵荣华能自王祥而始。

260年，曹操的重孙子曹髦因为对司马氏的强横不满而被司马氏派人刺死。满朝文武皆惶恐，谁都不敢多言。连皇帝都被司马氏杀了，他们还有什么事做不出来呢？只有王祥不一样，他抱着年轻的曹髦的尸身大哭，还高喊"老臣无状"，这份胆量让同僚汗颜的同时，他们也不得不承认王祥狡猾如狐。

他抱着旧主大哭，显示了自己当年因为忠孝仁义获得的"道德模范"的奖章不是徒有虚名。另外，他没有指责司马氏是杀人凶手，而是勇于自我批评，说是自己没有劝阻好小皇帝，才让不到二十岁的曹髦枉送了性命。司马氏看到王祥如此识时务，当然会对他高看一眼了。

王祥是一个政治高手的同时也是一个预言家，他临死时把吕虔赠送给自己的宝刀转赠给了弟弟，而非儿子，他说弟弟王览的福气更大，后代必出三公。果然，王览在政治才能上不如乃兄，但他的福泽绵延更长，使得王氏家族达到顶峰的王导、王敦等都是王览的孙子。

清谈误国不误家

继王祥之后活跃在西晋政治舞台上的是王家第四代的子孙——王戎和王衍，这一对风流人物在西晋可是掀起了不少的风浪。从这哥俩开始，王氏家族和司马皇室的关系更加密切，与其他贵族圈子的交往也逐渐增多。王家，在王戎、王衍手中开始深刻体会到"炙手可热"带来的诸多荣耀与负面影响。

前文我们说过，在以孝治天下的东汉时期，王祥、王览兄弟顺应潮流，成为孝悌的楷模，得以升官发财。到了魏晋时期，"是真名士自风流"成为社会最为流行的主张，王家子弟当然也会与时俱进，改变他们的人生追求。于是，在举世闻名的"竹林七贤"当中，我们看到了王戎的名字。

本来竹林七贤当中的阮籍、嵇康、刘伶等人都是因狂放不羁、不与西晋司马氏合作而著称于世的。但王戎不一样，虽然他也跟着几位大哥竹林唱和、赋诗饮酒什么的，但他骨子里还是渴望入世的。这一点在阮籍、嵇康等人死后愈发明显，王戎很快就投靠了司马氏，曾经备受称赞的"清尚"、"死孝"都成了一种嘲讽般的存在。

王戎出名很早，从小就有神童的美誉，他出仕也很早，在曹魏时期就做到了吏部侍郎。他心机深沉，看到天下将乱就把"与时舒卷"当做自己的出仕准则，甚至故意败坏自己的名声来求自保。这一点颇有先祖王祥的遗风，将与时俱进进行到底。

当时王祥老爷子不也历经曹魏到西晋的改朝换代，却能屹立不倒吗？王戎"与时舒卷"的具体表现是低调，低调，再低调。他做礼部官员的时候，怕在升迁之事上得罪人，总是把工作交给下属处理，自己就骑一匹小马从单位后门溜出去放松。

"八王之乱"的时候，放眼看去，几乎每个手握重兵的皇家子弟都有登基的可能。但是王戎坚持"谁也不得罪，和谁也不套近乎，目睹惨剧也不申冤，听说也不干涉"的原则，结果几乎每次宫廷巨变他都安全度过了。最危险的一次是齐王冏的谋臣发怒，群臣惊惧，而王戎因为假装嗑药多了，药力发作，故意跌倒厕所里头，沾了一身的污秽免去了送死的命运。

他的族弟王衍善于品评人才，世人都说一经王衍品评的人就像"跃龙门"一样，马上就会飞黄腾达。可是王衍这个人也极有个性，不像闹事摆摊的算命先生一样，看到谁都恨不得算上一卦。他很不喜欢赵王司马伦身边的权臣孙秀，就拒绝品评这个人。

王戎虽然年轻的时候也曾跟着他玩世不恭、笑傲竹林，但他身体里流淌的血液是王家审时度势的精明。对于族弟王衍的清高，他淡然一笑，接下来就好言相劝，非让王衍给孙秀一个很高的评价。王衍拗不过王戎的面子，给了孙秀一个好评，结果这个评论挽救了王氏家族的一场灾难。

司马伦对孙秀言听计从，当赵王得志、孙秀掌权的时候曾大开杀戒，血洗朝官。以王氏兄弟的资历，本来属于必杀的行列，但是孙秀想起自己还没有发达至此的时候，王衍给过自己一个好评，于是就放过了王家，让两个本该赴死的人毫发无伤。"你敬我一尺，我敬你一丈"，这也是魏晋豪门圈子中处事的不二法则。王戎弟兄看来也是深谙此道，颇得祖辈王祥的真传。

王衍的卖相和气质比王戎还要好，称得上琅琊王氏第一美男子。提到王衍的容止，不能不提"竹林七贤"当中年龄最长的山涛对王衍的评论。别看王戎和山涛同列竹林名士，两个人的年龄却相差将近三十岁，而王衍和王戎虽然是同辈兄弟，年岁也有二十年的差距。故此，当王衍还是一介小童的时候，山涛早就是当朝名士了。

据说山涛第一次看见王衍之后，感叹了许久。别人就问他："这位小公子资质如何？"

山涛有点答非所问，长叹一声说道："不知道是哪个老太婆，竟然生出了这样的儿子！然而误尽天下老百姓的，也一定是此人啊！"

暂且不提山涛的预言是否准确，单是一个黄口小儿就能让年过半百的当朝名士震惊成这个样子，我们可以猜想王衍从小就不是凡人。

晋武帝司马炎也听说了王衍的名声。他就问王戎："王衍是你的兄弟，你应该更有发言权。我且问你，当世的贤人、名士有哪一人能比得上他呢？"

王戎好好想了一圈，回答道："能跟他相比的人应该从古人中去找。"

这对君臣的问答不知道通过什么渠道流传出来，天下人皆知王衍成为西晋第一名士。名士自然要有名士的风流，王衍也很看重这个身份，竭力维持自己身为名士的身份，不肯做丝毫沾染世俗之气的事情。有人举荐他去做太守，他谢绝了；他老爸去世，亲朋好友送葬的份子钱都让他分给了前来借贷的人；王家的家底本来很丰厚的，可是在王衍"视金钱如粪土"和"生财无道"的指导思想下，没几年时间就将家底败光了。

这个时候，王衍为了生计，露出了自己的真面目。依靠妻子娘家的势力，他出仕了。或许带着名士的帽子风光了许久之后，他也不曾想到自己的将来会面临那么多俗不可耐的抉择。王衍出名的悍妻郭氏是同样彪悍的皇后贾南风的表姐

妹，因为这点裙带关系，王衍在欣赏自己的晋武帝死后，还
能身居高位而不倒。

可能是觉得光凭自己妻子这点关系不足以保住自己的地
位，王衍还把自己两个女儿搭了进来。按说漂亮的大女儿嫁
给太子算得上不错的选择，可是王衍却看出政权掌握在外戚
手中，他把大女儿嫁给了贾后的侄子，却把相貌一般的二女
儿王惠风嫁给了愍怀太子司马遹。这番权衡可以看出王衍在
名士的外表之下，存了一颗什么样的七窍玲珑心。

贾南风在中国皇后史上称得上一朵"奇葩"了，这个丑
陋的妇人很有政治野心，希望能和吕后一样临朝称制，可悲
的是她没有与野心相对应的政治手腕。王衍空有"一世龙
门"的美誉，也没有看出来贾皇后迟早要落败的命运。当贾
南风风头正劲，诬陷太子司马遹谋反的时候，身为岳父的王
衍不但不帮衬一把，反而落井下石，趁机提出要女儿和太子
解除婚约。不过王惠风倒是刚烈，誓死不从。后来王衍强行
把女儿从废太子身边弄了出来，王惠风就哭了一路，路边行
人听了都于心不忍。

王衍的取巧并没有摆脱身死国破的结局，但他在有生之
年能凭一张只会清谈不理国事的如簧之舌，身居高位多年，
也不容易。幸好王家并非只有王衍一脉，他虽然死了，但族
中同辈的王敦、王导兄弟却在八王之乱后衣冠南渡，扶植并
不被人看好的司马睿开创了东晋一朝。琅琊王氏的声势也在
王导兄弟手中达到了顶峰。

看来，一个家族想要长盛不衰，除了要有人才之外，还
得子孙鼎盛才行。琅琊王氏不就是很好的例子吗？这一支倒

了，还有另一支站起来，此起彼伏才能生生不息。

司马睿的郁闷

1600多年前的一个正月，旧历年刚刚过去，建康城还沉浸在新年的气氛中。衣冠南渡的豪门士族也好，南方故地的原住平民也好，几乎所有的人都在为来之不易的安宁而衷心庆贺。四年前，琅琊王司马睿在王氏家族的辅佐下建立了东晋，将南方的汉人们聚拢到一起，说好要为收复北方的失地共同努力。

可是现在，元帝司马睿却坐在建康的皇宫内闷闷不乐。身边的宫人深知这位主子的脾气，看样子，司马睿何止是郁闷，脾气简直快要大爆发了。原来，他曾经倚重为左膀右臂的王敦已经起兵造反了，他的铁骑说不定就要踏入建康城了。而且宫门外王导正带着王氏家族的子侄们从乌衣巷赶来，跪着忏悔，痛哭流涕，希望皇帝开恩不株连王氏满门。

王家，恨不得也杀不得的王家呀，司马睿的内心极度纠结。

惹得大老板郁闷、纠结的人正是王氏第四代的代表王敦、王导兄弟。有意思的是，王家的风云人物总是成双成对地出现，像是害怕因为落单而势单力薄。前有王祥、王览，中有王戎、王衍，后有王敦、王导，还真是不简单，代代都有不分伯仲的人才做顶梁柱，难怪王家能在魏晋南朝一流的士族豪门圈子得意那么多年。

曾经，司马睿对王氏家族的感谢是发自肺腑的，他甚至可以大度到对民间出现"王与马，共天下"的玩笑之语也不加以追究问责。更有甚者，司马睿不知道是弱智还是故意给王导挖坑，竟然拍着龙椅，示意王导和他一起坐在上面休息。聪明的王导当然是坚辞不受，但由这件事也可知道"共天下"的言论是有一定基础的。

王导在内为丞相，王敦在外为元戎，这两兄弟加上王家旁支大大小小几十名子弟在朝廷或者军中担任要职，可谓权倾朝野，风光无限。对于这一点，刚刚即位的司马睿可能不在乎，可是当他觉得屁股底下的皇位本来就是自己应有的东西，对王家的忌惮就一点一点产生，并且迅速扩大了。他开始重用刘隗、刁协等人，通过不断给刘、刁二人加官进爵来表达自己对王家的不满。

其实说起来，刘隗和刁协也算有能力有权谋的人才，而且很早就在司马睿身边效力，被倚重也是正常现象。但是司马睿忘了，自己能够一飞冲天靠的是王氏这样显赫的门阀士族的扶植和拥戴，而非刘、刁这种能力尚可但家世一般的人才的支持。

现在怎么办呢？王敦并没有说自己造反，而是打出了"清君侧"的名号。王敦的出兵理由写得很明白，是要征讨皇上身边的佞臣贼子刘隗和刁协，而非推翻司马氏的统治。王导更是情真意切，皇上一天不见他，他就天天带着王氏的后辈们来宫门口谢罪。

身为绵延数百年的豪门望族的代表人物，王导的政治智慧非同一般。他仔细思量过了，皇上近来故意疏远自己，还要分走堂兄王敦的兵权，其实是害怕东晋会出现汉末那样"主弱臣强"的局面。可是眼下要他们王氏举兵造反，完全推倒司马氏，显然还不是时候。另一方面，司马睿如果离开王家这样的豪门士族的继续支持，他的江山恐怕就摇摇欲坠了。现在皇上不肯见自己，只是思想没有转过弯罢了，他不着急。王导深信这位和自己同岁的皇上不是白痴，一定能想通其中的道理。

果然，司马睿在思考了几天之后，确认自己没有将王氏家族赶尽杀绝的魄力。毕竟司马氏的江山还离不开江东豪门的支撑，那么他也就没有必要在那里摆架子，让作为家主的王导天天跪在宫门外谢罪了。于是，司马睿在金殿之上召见了王导，对他好生抚慰，劝他不要受到王敦的影响，还是应该继续率领王氏子弟们为国家也为皇家效力才是。

王导很配合，马上做出感激涕零的样子，声明堂兄的起兵与自己这边毫无干系，只要不受到牵连就好。至于王敦，您就看着处置吧。这两个老戏骨的演技都很高明，他们和解的场面在不懂政治的人眼中，这样的贤君明臣真是千古少有。

王导这样给面子，司马睿也不好做得太过。再说了，王敦虽然确实不恭，但人家攻入建康之后除了开始就言明的"清君侧"之外，还真没有做其他违法谋逆、欺君犯上之事，所以他只能赦免了这些参与之人的罪过。

尽管司马睿恨王敦恨得牙根都疼，但他还"大度"地许之以丞相、都督中外诸军事等高位来笼络这位手握重兵的坏脾气先生。可是王敦并不领情，他潇洒地拒绝了皇上的封赏，说自己根本没有篡位夺权的想法，既然"清君侧"的目的已经达成了，那自己就可以退兵到原来的封地了。这样一来，反倒显得司马睿小题大做，心胸不够宽广了。不过一场兵变能和平解决，还算是大家都乐意看到的结局。

后来的事情有点不大靠谱了。王敦退兵之后，健康状况堪忧，这人一病了，就喜欢胡思乱想。正好王敦手底下有希望自己老板黄袍加身的人，他们趁机起哄，说大将军上次离皇位也就一步之遥了，再加把劲，咱们也能坐一坐龙庭。王敦想想也确实挺亏的，以他们王家的名望、地位，丝毫不弱于司马氏，甚至犹有过之。既然司马家都能称王称帝，那我们王家怎么就不可以呢？他同意了下属们一致认可的这个荒唐的请求，开始了第二次发兵都城的"壮举"。

王导这个郁闷啊，自家这个堂兄也太不让人省心了。上次闹出那么大动静，差点就给家族带来灭顶之灾。这次到底要做什么呢？你还当咱们王家真的炙手可热到了能登基坐龙庭的地步吗？还早呢！这个从小就容易冲动的王敦一定是被什么人教唆了。

为了家族的稳固，为了保存琅琊王氏的血脉，王导毅然主动挂帅，替元帝司马睿排忧解难。其实兄弟兵戈相见也是王导极为无奈的选择，如果不和王敦划清界限，这件事不知道要连累王家多少人呢。

王敦倒是命好，还没反叛成功就病死了。他的亲兄弟和儿子却难逃一死。王导这一门能够安然无恙，全靠家主当时迅速与堂兄翻脸的决定。看来，正是王导的审时度势、当机立断，保证了琅琊王氏政坛常青树的地位，哪怕谋逆这样的大罪都不能动摇其根本。

第三节　再牛气的贵族也抵不过枪杆子

东晋贵族的顶级沙龙

　　什么样的家族才能称得起世所公认的世家、豪门？这个问题在不同的时代有着不同的答案。放在1000多年前的东晋南朝，这个答案是非常简单而明确的，那就是一流的家族非王、谢、庾、桓莫属。只有他们这些江左世家大族纵横交错形成的圈子，才是整个王朝的顶级沙龙。

　　至于这些豪门因何而起，又因何而灭，那可就是一部交织着权力与阴谋、血泪与荣耀、运气与实力、道听途说与正史翰墨的精彩传奇大戏了。也许有好命的人是含着金汤匙降生在豪门的王孙公子，但是无论何种层次的豪门都没有一夕蹴就、一代即成的。尤其是一流的豪门贵族，往往需要多少代人的积淀和努力，才能在悠悠历史中占据一席之地。哪怕是在最容易产生名门望族的汉末魏晋时代，要想成为琅琊王氏那样的顶级豪门绝非易事。

　　陈郡谢氏本来就不是曹魏时期的旧臣，他们通向顶级豪门的路走得更加曲折一些。那是经过谢氏子弟几代人的经营，谢家才能跻身为与琅琊王氏并列的南朝最高门户。

　　谢鲲是谢氏家族兴起的根源，在他之前，陈郡谢氏名不见经传；他死之后，谢氏已经成为南渡的侨姓士族当中不可忽视的一支力量。有人称赞谢鲲是东晋第一名士，因为他本人就是一个光芒四射的社交高手：他不但外表英俊挺拔，还腹有诗书，能和人滔滔不绝地讲经论典，除此之外，谢大才子还能歌善舞，在声乐、器乐和舞蹈上都颇有造诣，堪称当世艺术大师。

　　原本两晋时期对名士的要求容易多了，善清谈便是很重要的一项。可从谢鲲开始，增加了难度，没有点艺术细胞的人都不好意思说自己是风流名士了。这一点，谢家后世的子弟都颇为注意传承，他儿子谢尚也是这方面的行家里手。据说东晋第一权臣王导就特别欣赏谢尚的舞蹈和琵琶，对他十分看重。

　　当代大学生都知道，艺术系的学费相比其他专业的收费要高一些，但人家毕业之后成名、成"星"之后的收入也是远远高出同龄人的。两晋时代，为了标榜作为文化高门的与众不同，精通音律、鼓琴弹筝也都是装点门面的重要道具。

　　谢鲲小时候是很有优越感的，尽管他算不上纯粹的"官二代"，也不是什么"富二代"，但他老爸谢衡也很了不得，曾经担任过西晋的国子祭酒一职。千万不要误会"国子祭酒"是什么给人端茶倒酒的服务工作或者祭祀、跳大神这类的巫师神棍，那是堂堂正正的国家最高教育机构的主管。

在举国只有一所公立大学的西晋时期，谢鲲的老爸就是全国唯一的大学校长，换一个更时髦的名称的话，或许我们可以称呼他为国立皇家经学院院长。毕竟西晋时候虽然玄学渐兴，但是传承多年的儒学还是占据主导地位的。

从谢衡的升迁履历上可以看出谢鲲这个孩子还是很"旺父"的。他出生那年正好是晋武帝太康元年，当时他老爸还只是大学教授，等到他长到七岁的时候，老爸经过数次PK，终于成为大学校长。再过了两年，谢衡又当上了太子少傅、散骑常侍。既然老爸有学问，出生在太康元年的谢鲲就避免了叫"建国"这样比较大众化的名字，而有了《庄子·逍遥游》当中"北冥有鱼，其名为鲲"这样比较有文化内涵的名字。

在文化贵族家庭成长起来的谢鲲从小就有做神童的潜质。遗传基因好是一方面，他自己争气才是主要原因。谢鲲知道老爸看中的儒学那一套正在渐渐过时，而老庄的玄谈正在成为主流。小小年纪，他就主攻《老子》和《庄子》，将里面的内容背得滚瓜烂熟不算，他还经常在人前炫耀，侃侃而谈，引起了很多文化名人的注意。在当时那个崇尚清谈的年代，文化名人的孩子被高度关注如同今天明星的孩子被粉丝们关注一样，谢鲲很早就跻身于西晋文化界最顶级的圈子。

艺术家和风流韵事的关系总是离得很近。谢鲲这个多才多艺的帅哥也不例外，他为了追求美女，竟然被人家用织布的梭子打掉两颗门牙。时人听说这件事之后都觉得可笑，有人故意逗谢鲲，问他："没了门牙，在高歌一曲的时候会不会漏风啊？"

谢鲲丝毫不觉人家是在笑话他，很认真地回答："犹不废我啸歌。"

不耽误唱歌倒不打紧，我们更关心的是少了两颗门牙的谢鲲还能叫帅哥吗？尤其是在两晋那么看重男人相貌的年代，少了门牙的谢鲲怎么出来当公务员呢？还是我们多虑了，年轻时候的谢鲲根本就不上班，有老爸丰厚的工资折在家里放着，他每天的任务就是清谈作秀，为了当名人而当名人。

有一天，他在大街上溜达的时候冲撞了司马炎的第六子司马乂，气得司马将军非要拿鞭子抽他一顿才解恨。这是怎么回事？还不是司马懿的后代太多，偏偏又没有一个手腕超强的人能掌控全局。司马炎死后，又传位给史上有名的"白痴皇帝"司马衷，这就引发了葬送西晋的"八王之乱"。

谢鲲得罪的司马乂就是作乱的"八王"之一。当时司马乂和司马颖正在兵戈相向，司马乂守在洛阳城，而司马颖则围在城外。谢鲲要出城，让司马乂误会他要出城投降，难免会生气。谢鲲不比一般老百姓，投降了不会有什么大的影响，谢鲲是名人啊，司马乂还是知道名人效应的。他拿出了鞭子，狠狠地盯着谢鲲。

谢鲲倒是光棍，大庭广众之下就慢慢解开衣服，坦然准备受罚，一点受辱的表情都没有。司马乂在欣赏谢鲲脱衣的过程中也渐渐消了气，觉得为一个没有功名、只会鼓唇弄舌的人生气不值得，于是赦免了谢鲲。

　　谢鲲听到自己又不用挨鞭子了，依然没有任何死里逃生的喜悦感，还是面无表情，慢慢悠悠地穿上衣服转身走了。这件事传扬出去，人人叹服谢鲲胆大包天，几乎忘了他被美女打掉门牙的糗事。

　　别看谢鲲平时总是一副放浪形骸的名士派头，仔细看他的人生轨迹，就会发现在年轻的时候，谢鲲在骨子里就是追求进步的。他与同辈的王敦、庾敳、阮修三人关系很好，几个人互相吹捧，俨然西晋的明星团队"F4"。王敦、庾敳都是名门子弟，自不必说与他们结交的好处，即便是家世不如谢氏的阮修，在当时也是名人。当他们相互借力的时候，效果往往能取得事半功倍的效果。

　　当朝宰辅王衍就很欣赏谢鲲的个性，经常邀请他参加比较高级的聚会。西晋的高级酒会都是以谈论老庄玄学而出名的，谢鲲在这方面的造诣正对他们的胃口。倘若谢鲲坚持父亲的儒学礼节，恐怕就难以融入西晋的上层圈子了。

　　家世不太显赫是一方面，能跟主流人物玩到一块才是最重要的。不知道谢鲲是本性使然还是为了与圈中人合拍，他在学会了不讲卫生的"扪虱而谈"、不顾形象的纵酒放歌之后，竟然成为这个圈子的核心之一。也是在他的努力之下，他的谢氏家族逐步向一流的圈子靠拢。

　　N年之后，曾经与谢鲲一起纵酒放歌的哥们儿王敦发达了，做了东晋的大将军，镇守豫章。王家本来就是名门望族，衣冠南渡之后更是押对了宝，拥立琅琊王司马睿做了皇帝，王氏家族的光芒一时无两。谢鲲沾了年轻时与王敦一起放纵的光，到豫章做了王敦的助理。随着王敦的军功日盛，谢鲲也跟着水涨船高，逐渐升到了大将军长史，还有了"咸亭侯"的爵位。

在豫章，谢鲲还重逢了当时最著名的美男子卫玠——没错，就是成语"看杀卫玠"的主人公。这年头，长得丑的人都想方设法美容、整容，好让别人多看自己一眼；可在卫玠的爹妈看来，自家孩子长得太好了简直就是灾祸，因为他每次出门都会引起路人的围观，时不时就造成交通瘫痪。

不过，卫玠南渡之后被称为"江左第一名士"的原因不全是他的外表所致，这个帅哥还擅长清谈玄学。王衍的弟弟王澄就特别爱听卫玠清谈，对他佩服得五体投地。

很早之前，谢鲲就很仰慕卫玠，好不容易见面之后，竟然对卫玠行了"亚父"之礼。要知道，谢鲲可是比卫玠还要大上六岁的人，竟然以叔叔的礼节来侍奉对方，推崇之情不用多说，这份厚脸皮的功夫也令人望尘莫及。卫玠死后，谢鲲千里奔丧，在"亚父"的葬礼上放声痛哭，如丧考妣。东晋关于小道消息的传播确实发达，很快谢鲲这场痛哭也成为上流社会的一段佳话。

作为王敦的助理，当老板做出"清君侧"这样惊世骇俗的决定之时，必然会征询谢鲲的意见。王敦很了解自己这位昔日好友的志向，让他做点无伤大雅的出格事情没有关系，可是让他站到皇室的对立面却是难如登天。他故意问谢鲲："刘隗这个奸臣整天在国君身边聒噪，危害社稷，你说我们帮着国君除掉此人如何？"

谢鲲听了这种大逆不道的话，心里打鼓，却佯装镇静地说："刘隗这个人确实不咋的，但他就像城墙下的狐狸、神庙中的老鼠一样，要除掉他，还得顾忌会不会损坏城墙和庙宇。"王敦当然不会听从谢鲲的劝告，但这件事暂时先放在一边。

几年之后，王敦果真发动了兵变，谢鲲跟随左右，如同伴虎。亲戚朋友都为他担心，害怕一旦王敦兵败，他会受到牵累，但谢鲲安之若素。有时候看王敦抓住以前的熟人，谢鲲都会劝上一劝，保全了不少人的性命。

有几次，谢鲲的规劝触犯了王敦的逆鳞，但是他碍于谢鲲的名声没有动手。谢鲲的命不错，王敦在失败之前，把他打发到豫章做内史去了；王敦病死之前的半年，谢鲲先一步死了。当朝廷向叛军算账的时候，谢鲲的名字就没有出现在株连的名单上。

与谢鲲付出了同样的努力，走了同样路数的人还有一个叫桓彝的。他的儿子叫桓温，在不久的后来，桓温将与谢鲲的儿子谢尚、侄子谢安发生很多交集。

一个家族的发迹史

公元323年，刚过不惑之年的谢鲲英年早逝，留下了足以继承其衣钵的儿子谢尚。那一年，谢尚15岁。如果说谢鲲代替乃父，为渡江之后的谢氏家族争取到了名分上的名门世族的进身之阶，谢尚则更进一步，为谢氏家族取得了地方藩镇的实权。

　　谢尚也像他的父亲一样精音律、善舞蹈、工书法、尚清谈，风流俊朗，极有明星范儿。比父亲更为高明的是谢尚除了文治之外，武功也有可观之处，他曾做过镇西将军、卫将军、开府仪同三司等高位，称得上文武全才了。但是有一点他不如谢鲲，那就是"无后"。谢鲲好歹还有谢尚这么一个儿子，谢尚却半个儿子都没有，最后过继了堂弟谢奕的儿子。

　　说起谢尚没有儿子这件事，宋朝编纂的《太平广记》上还有记载。相隔好几百年的宋朝狗仔队居然查到了谢尚年轻的时候曾经和家里的一名丫鬟谈过恋爱。年轻人的初恋当然会花前月下、海誓山盟一番的，何况是谢尚这样的风流才子。他为了表示自己对恋人的忠贞不渝，就立下誓言，将来若不把这个丫鬟娶进门就终身无子嗣。可是谢尚的问题恐怕就出在这了，他负了那位多情的丫头，所以日后他不管娶了多少妻妾，都没有生出一个儿子。还好，他有两个女儿，分别许配给了当时同级别的庾家和殷家，多少弥补了一些遗憾。

　　谢尚长得英俊，甚至到了"妖冶"的程度。不过当时人们说谢尚"妖冶"是绝对的褒义词，与当今的词义不太一样。据说当时有一位姓宋的美女曾经跟着绿竹学过吹笛子，令东晋名士们趋之若鹜。这位宋美人先跟了王敦做小妾，后来王敦造反倒霉之后，宋美人辗转到了谢尚府上，成为谢尚的新宠。都说女人善妒，其实男人的攀比心理也是很严重的，尤其是外表超群的美男子，更是注重别人对自己的评价。谢尚就曾问宋美人："我和王敦相比，谁更好？"

宋美人很会说话，微笑答道："王敦和您相比，就如同乡巴佬和贵公子的差距。"这句话未免刻薄，但是从一个以色事人的女子口中说出来却也不算什么，谢尚听了这句奉承却是非常高兴，他为自己老爸曾经的上司比不过自己很是得意。

或许是受到父亲的遗传，谢尚结交名人的手段也很高明。他少年时期就常常去拜访当朝名士殷浩，向他请教玄理。殷浩善谈玄理不假，他身处的陈郡殷氏也是当时的望族之一。东晋南朝的史书之上，立传的陈郡殷氏一门就有十几人。

既然谢家一脉也出自陈郡，自然与这位名人老乡有着天然的亲近。在请教学问的同时达到结交权贵的目的，谢尚小小年纪就引起了王导的青眼相加，王导提拔他在自己身边做助理。

谢尚能让当朝宰相王导看中，还有一个原因是他表演的一段舞蹈。当时流行一种"鸲鹆舞"，是模仿八哥的动作，估计比现在江南神曲的骑马舞要难度高一些。王导曾让谢尚在酒席之上表演，还主动为他打着节拍。一曲舞毕，王导慨叹"令人想起安丰"！安丰是王导的堂哥王戎，从此谢尚有了"小安丰"的别称。

王导是谢尚步入官场的引路人，但真正促使谢尚飞黄腾达的却是他的外甥女褚蒜子。褚蒜子比自己的舅舅谢尚小十四岁，在她年幼的时候，未尝没有把风流倜傥的舅舅当成过自己未来夫婿的模板。到了成家的年纪，褚蒜子嫁给了司马皇室的琅琊王司马岳。

公元342年，成帝病逝，皇位落到了毫无准备的弟弟司马岳手中，十八岁的褚蒜子就成了东晋的第四位皇后。司马岳命薄，仅仅在位两年就撒手归西了，褚蒜子却福大命大，竟然以太后的身份三度临朝听政，扶立了六位皇帝。从十八岁到六十岁，褚蒜子几乎一直处在东晋王朝权力的巅峰，有了这样的靠山，谢家的崛起已经不是问题。

在外甥女的支持下，谢尚弃文从武，来到军营，几乎做了半生将军。谢尚的军事才能与生前身后的名将相比差了很多，但以他的聪明才智，倒也把将军这个职位做得中规中矩，虽无大功，却也没有什么过错。对于一个世家子来说，没有败家败国，就算不错了。

真正令谢家步入一流士族圈子的人还不是谢尚，而是他的堂弟谢安。

谢安，"风流宰相"，李白最崇拜的偶像、谢氏子弟心中的光源与骄傲的源泉。

经过了谢鲲、谢尚父子两代人的努力，陈郡谢氏由不为人知逐渐攀升到了二流家族甚至准一流家族的地步。但是也仅限于此，他们的能力到此为止，不能再进一步了。谢安的父亲谢衷曾为五子谢石向诸葛恢的女儿求婚，被诸葛氏以门不当户不对拒绝了。要知道，谢衷当时已经做到吏部尚书的高位了，可在曹魏时期就显赫非常的诸葛家族来说，仅仅发达了两代的谢氏还没有摆脱"暴发户"、"新出门户"的影子。是旷世奇才谢安的临门一脚，以淝水之战的盖世业绩才将谢氏家族真正纳入了与琅琊王氏并列的顶级圈子。

谢安出仕很晚，他的人生可以分为"隐"和"仕"两个阶段。隐居山林，他是潇洒不羁的名士；出仕为官，他是功名赫赫的宰相。将两种不同的人生都发挥到极致，谢安能成为谢氏子弟乃至后世文人的偶像绝非偶然。

谢安的哥哥谢尚、谢奕，弟弟谢万，都是二十来岁就名满天下，但谢安偏偏寄情山水，就是不肯出来做官。老爸都是当朝吏部尚书了，谢安如果想做官肯定是小事一桩。可他就是不愿意人家说他是靠老爸的关系才能当官的，所以死活不肯出山。从谢安二十岁开始，不知道有多少部门的邀请函、多少名士的请帖送到他的手中，但他每次都是想办法推辞。这样一来，官虽然没做成，名声却是越来越响亮了。

其实谢安一直不出仕还有一个理由，就是他认为自己的哥哥弟弟们都位高权重，没有自己凑热闹谢家也照样风光。故此，他才有了偷得浮生日日闲的闲情逸致。年轻时，与他交好、诗书唱和的是琅琊王氏的王羲之、王胡之兄弟。可是在谢安即将安稳地度过四十岁生日的时候，命运对谢家的打击接二连三地来了。

先是谢尚死了，接着谢奕也亡了，紧跟着是谢万因兵败被贬为庶人，而谢石、谢铁虽然还在位，但是他们的本领和地位都不很出众，显然不能挑起家族中兴的重任。没办法，谢安只能挺身而出，承担起振兴门户的责任。他也不想看到陈郡谢氏还没有晋升为江左豪门的时候就这样衰败下去。

正好，征西大将军桓温看出沉寂多年的大才子有出山的迹象了，马上就邀请他做自己的军中司马。谢安欣然应允，以名士的身份跟着桓温踏上了战场。四十岁才出来混官场的谢安显然比他的兄弟们要幸运。中年人的人生阅历比起二十来岁的小伙子，肯定要成熟和稳重许多。所以谢安的仕途从一开始就颇为顺利，直至终老。

谢家与桓温的交情始于谢安的大哥谢奕——才女谢道韫的父亲。谢奕同竹林名士刘伶一样是个酒鬼，喝多了之后总是疯言疯语。桓温不以为忤，对谢奕的不拘礼法很是宽容。当桓温镇守荆州的时候，就请谢奕来做自己的司马。两个人的关系很奇怪，工作时候是上下级关系，下班之后，身为上司的桓温却总是躲着谢奕。原来谢奕总要拉着桓温喝酒去，桓温不爱喝酒，没办法，只好"三十六计走为上"了。

桓温是一个很有个性的人，甚至有人说他是"最风度特异的时代中最风格特异的将军"。前面说过，桓温的父亲桓彝走上层路线，因平定王敦之乱有功而将原本清孤的谯国桓氏推上了东晋的名门之列。可是桓彝在接下来的苏峻之乱中又不幸身死，刚刚要振兴起来的桓家又面临家道中落的危机。最可怜的时候，桓温的母亲生病需要以羊做药引，他们家没钱买羊，只好把弟弟桓冲抵押给卖主，才换了一头羊回来。

从小就看尽世态炎凉的桓温早熟，十八岁的时候居然手刃仇人，为父报仇。这种胆识和气魄为他以后的军旅生涯奠定了基础。他没有走谢家先用清谈博得知名度，然后由幕僚入仕的捷径，而是靠自己建立军功来迈进政治圈。史书上说桓温相貌奇特，面有七星，被名士刘惔称赞"眼如紫石棱，须作猬毛磔"。一些演义小说中经常会说脚踏七星的人有帝王命，那么桓温长到脸上的七颗痣会不会给他带来非凡的运气呢？

　　从军之后，桓温从"先锋小督"做起，一直做到了控制荆襄二州的实权大将军。当时的征西将军庾翼很欣赏桓温，把明帝的女儿南康公主介绍给了桓温。当上了天子佳婿，桓温的从政之路才算稍稍平坦了一些。东晋这个王朝奇特的地方有两点，一是主弱臣强，二是重文轻武。武将出身的桓温即使和皇帝攀了亲，也要受到很多一流贵族的白眼。

　　在迎娶南康公主之前，桓温还曾向太原王氏王坦之的女儿求婚，但被王坦之拒绝了，理由是他不过是一个老兵的儿子。桓温当权不断地出征北伐，渴望建功立业的动机很有可能就是为了报复昔日那些曾经轻视过他的所谓望族。

　　谢安到桓温帐下任职的时候，桓温已经是一代豪雄了。有大哥谢奕的交情在前，谢安本身的文采、人品也都十分出众，桓温对他很客气，这一对搭档最初的相处也很愉快。桓温被人称作司马懿、孙仲谋一类的人物，可见他本事大，野心也不小。谢安看出这一点，在桓温身边就不是死心塌地地效忠，而是巧妙周旋了。

　　如同谢鲲伴随王敦一样，对于桓温身边的谢安来说，离开这位危险的枭雄人物才是最稳妥的做法。很快弟弟谢万病逝给了谢安一个脱离是非之地的好借口。他借奔丧之名离开桓温，一去不复返了。脱险之后的谢安先是做了吴兴太守，后来又调到首都，成为国君的侍从。

　　公元369年，桓温北伐失利，虽然没有人敢责罚于他，但他在朝廷的威望却逐渐降低。这时候，桓温帐下一个参军献计：不妨做点大事转移人们的注意力，大家就不会盯着咱们北伐失利这件事了。什么事足够大呢？在桓温看来，司马奕这个皇帝当得不舒心，让他退休，换成丞相司马昱坐龙椅吧。就这样，桓温的一个决定，改变了司马家族两个人的命运。

被桓温扶上皇位的司马昱对这位重臣言听计从，在皇帝身边做侍从的谢安每次看到桓温也不得不行下拜之礼。可能是做皇帝太憋屈了，司马昱重病缠身，想让太子继位。桓温不同意，让他立遗诏，请自己入朝主持朝政，做摄政王。谢安和王坦之（拒绝过桓温求婚的那位王先生）是皇帝的近臣，看到桓温的要求马上劝司马昱将遗诏改为请桓温辅政，而非什么摄政王。这两个人坏了桓温的好事，让他一直怀恨在心。

后来桓温病重，上表向朝廷要求"九锡"。说起来，"九锡"本是朝廷赐给元老重臣的九件物品，后来经王莽、曹操、孙权等人接受过之后就成为权臣谋逆的前奏。桓温病了，朝廷谁说了算，自然是谢安了。谢安不肯给桓温这么贵重的赏赐，但也没有明确拒绝，一直拖着，脱了九个月，桓温病死也没见着朝廷送过来的"九锡"。

桓温死后，接过兵权的弟弟桓冲没有哥哥的野心，也缺少哥哥的谋略，很容易就被谢安收拾了。掌握兵权的谢安又在淝水之战中大放异彩，将谢氏家族推向巅峰。其中，踩着桓温家族的肩膀上位不能不说是极为关键的一步。

"风流总被雨打风吹去"

欧洲有一句名言，说"一夜可以造就一个暴发户，三代才能造就一个贵族"，我们中国有句与之对应的老话叫"富不过三代"。可见，一个豪门家族想要传承不息几乎是一件不可能的事情。既然改朝换代都不过是百十年的光景，那么风光了三百年的名门士族也算够本了。

谢氏家族鼎盛之时，对子女的婚姻大事那是相当挑剔的。一般来说，除了琅琊王氏和皇室之外，他们极少与非一流的士族通婚。盛极必衰，万事万物都逃不开这个轮回。到了"诗仙"李白极为推崇的谢朓这一代，谢家的下坡路已经十分明显了。如果把谢鲲的老爸谢衡看做谢氏家族的第一代家主的话，那么到了谢朓是谢家的第七代传人。谢朓的母亲还是南朝宋国的长城公主呢，他自己却娶了屠狗之人张敬儿的女儿。当然了，谢朓成家的时候，张敬儿早就不杀狗了，成为了南齐名臣，一品大将军。但是他的出身怎么也无法掩饰，这要是放在祖爷爷谢安谢玄当家做主的年代，说什么也不会看着自家的"芝兰玉树"与出身如此低贱的人结为姻亲的。

谢朓的儿子谢谟也很不幸，本来是和萧衍的女儿订了婚的，后来谢朓被杀，萧衍却做了皇帝，两家的差距越拉越大。萧衍干脆耍无赖悔婚，将女儿嫁给了衰落晚一点的琅琊王氏子弟。当时萧衍没有料到，自己会间接成为灭掉王谢两族的凶手之一。

直接将王谢灭族的凶人叫侯景，这位老兄可不是什么善男信女，他是北魏怀朔镇鲜卑化的羯人，出生在今天内蒙古固阳县一带。羯人是匈奴人的后裔，长得都是高鼻深目，一脸络腮胡子，一看就是个"猛人"。

北魏末年，政治黑暗，北方边镇的少数民族都不满鲜卑族的统治，反抗事件层出不穷。正直少壮的侯景和胸有大志的高欢在多次战斗中配合默契，惺惺相惜。这时候，一个比他们两个更加生猛的契胡人出现了，那就是"功高孟德，祸比董卓"的胡部酋长尔朱荣。尔朱荣看见北魏内部乱兵四起，是个壮大自己部族力量的绝好机会，就主动提出要帮助北魏政府平乱。结果，各地义军成为尔朱荣上位的牺牲品，他在血腥镇压完各地义军之后，成为北魏大权臣，义军当中作战能力比较突出的侯景、高欢等人则成为尔朱荣的部下。

尔朱荣有军事才能不错，但政治头脑不行，刚刚三十八岁就因为功高震主被朝廷杀了。高欢趁机自立门户，消灭了尔朱荣集团，自己掌握了北魏的大权。侯景只是看谁得势就依附于谁，无所谓忠心不忠心。他跟着高欢混得也不错，当高欢得了天下之后，曾经的战友侯景就成了一方封疆大吏。别看侯景读书不多，但是领兵打仗和治理封地都颇有心得，让高欢起了猜忌之心。

高欢病逝之前，对儿子高澄说要小心侯景这个人，那个家伙是有反骨的。高澄很听话，刚刚即位就开始着手收回侯景手中的兵权。侯景哪能坐以待毙，聚兵反叛成为他的首选。刚开始，侯景还真打了几场胜仗，但高澄集合的是一国之兵，侯景不过是一省之兵，时间长了承受不住，他开始向南方撤退，向梁朝萧衍投降并求援。

梁武帝萧衍当时已经是八十三岁的老头子了，笃信佛教，做了不少荒唐事。梁朝的大臣们都反对援助侯景，但是萧衍自己做了个梦，梦见自己将要一统中原，眼下牧守河南的侯景主动上表来降，哪有不接纳的道理？他力排众议，将侯景这条恶狼引入国门。

侯景降梁之后，被萧衍封为豫州牧，依然做他的河南土皇帝。但是高澄不死心，派遣使者来到南梁，说要南北交好，离间萧衍和侯景的关系。这一对临时组合的君臣搭档显然没有什么默契，侯景不敢指望萧衍会为了自己拒绝东魏的示好。他想了个办法，与其被动等人宰割，不如主动出击。他向萧衍上书，请皇上恩准他和王谢两家结婚的大喜事。如果萧衍答应的话，自己和南朝士族的关系就算巩固了。

可是王谢之家虽然已经没有了王导、谢安那样的灵魂家主，但是三百年来积淀的傲气和风骨还在，他们毫不犹豫地回绝了侯景的"提亲"。在他们眼中，连皇族都非佳偶，何况一个外来的异姓家族、粗人兼暴发户呢。

梁武帝萧衍没有办法，只好做起了和事佬，劝侯景说："王、谢门第太高，不如退而求其次，向朱、张以下门第试试。"萧衍老头儿这话也太不给面子了，王家、谢家都不行就罢了，朱家、张家还得"以下"。萧衍没想到，被惹怒了的侯景竟然强娶了他的孙女溧阳公主。

公元549年，侯景攻入建康城后，对这些曾经看不起他的豪门举起了屠刀。尤其是王谢两家首当其冲，成为侯景发泄怨恨的主要目标。短短几个月的时间，富庶的江南成为一个大大的修罗场，超过半数的百姓死在毫无人性的屠杀当中。同年十月，侯景自封为"宇宙大将军""都督六合诸军事"。这个想法多么超前，当时宇宙还仅仅是一个天文名词，侯景就能想到。

本来乱世混战，说不好谁是正义之师，但从北方跑过来搅乱南国的侯景显然不是什么善男信女。尤其是灭人宗族这样的事情都做得出来，可以预见侯景的结局好不到哪儿去。他在萧衍跟前除了强娶溧阳公主为妻之外，还霸占了大将羊侃的女儿为妾。羊侃在建康保卫战中担任了抵御侯景的主要将领，后在战斗中病死。

泰山羊氏虽不如王谢两家名头响亮，那也是传承许久的名门大族，岂会心甘情愿看着女儿在侯景这里委曲求全？尤其是羊侃的儿子羊鹍一来心痛父亲的过世，二来心疼妹妹受辱，对侯景是恨之入骨。为了报仇，羊鹍假意逢迎，装出一副忠心耿耿的样子。侯景觉得这个大舅哥还算识相，就允许他随侍左右，还经常厚赏与他。

梁朝对侯景痛恨的人比比皆是，反侯的战争一直没有断绝。当侯景势大的时候，羊鹍一直隐忍不发，但侯景露出败象的时候，他要行动了。

公元552年某夜，侯景身边众叛亲离，他被梁朝的军队追得节节败退，最后只剩下几十个残兵和羊鹍等少数几个"亲信"了。陆上已经待不下去了，他们抢了一艘船，想要出海逃生。羊鹍等到这一刻容易吗，他趁着侯景睡着的时候，命令水手改变航向，转往京口。

侯景正窝在船舱做恶梦呢，羊鹍带人来说要借他的脑袋一用。侯景爬起身来就要往船舱躲避，但他本来就是跛子行动不便，反抗了几下，就被羊鹍用长槊刺穿了身体。这还不算狠的，羊鹍知道南朝的百姓都恨侯景，希望亲眼看到他的尸首。为了防止侯景的尸体腐烂，羊鹍就命人挖空侯景的肚子，塞入大把大把的食盐。这样，他的尸首被完整运到了建康城。

大将军王僧辩正好在建康，他第一个动手，卸了侯景的脑袋，还砍下侯景的手送到了北齐；当侯景的尸身出现在建康城的时候，老百姓都疯狂了，抢着来吃恶人的肉，最后连骨头都抢没了。年仅十七岁的溧阳公主本来也得到一碗侯景的腐肉做成的肉羹，后来实在是太恶心了，才没有吃掉。侯景的儿子也难逃厄运，大儿子被高欢的长子高澄下锅煮了，四个小一点的直接阉割了。高欢的二儿子高洋登基之后，觉得侯景还有四个儿子活在世上很不放心，就把四个"太监"也下锅煮了。

比较起来，侯景父子的下场好像不比王谢两家的灭族之祸好一点。

王谢两族虽然不是同时发迹，但是都在衣冠南渡之后显赫于东晋、南朝，一直并称为江左豪门的领袖，后又能够同时败亡在一个军阀的手中，也算是有缘了。

第四章 十八路反王：造反派的隐秘圈子与往事

公元605年正月，是为大业元年。半年前，隋文帝杨坚病故，次子杨广即位，他就是史上鼎鼎大名的隋炀帝是也。"大业"两个字饱含了初登大宝的杨广想要开创一番大功业的决心。可惜天不遂人愿，仅仅过了十三个年头，开科举、通西域、征高丽、修运河的杨广就被各路反王和门阀大族联手干掉了。

按道理说，平民起义军和高门大族是两派完全对立的力量才对，但是在隋炀帝时期，这两个对立的圈子都很有默契地一致反隋。不同的是，义军在明，门阀在暗。等到大隋气数已尽的时候，以李渊为首的关陇贵族才站出来收拾烂摊子，从各路反王手中"接"过来一个较为完整的江山。

隋乱唐立，归根结底，还是寒门与豪门两个圈子之间较量的结果。

第一节　草寇们的造反根据地瓦岗

越狱、潜逃、造反三部曲

　　"隋末英雄起四方，其中单数瓦岗强。咬金大斧秦琼铜，打得瓦岗不姓杨。"

　　隋末，炀帝杨广失政，各地义军层出不穷。尤其是当杨广不顾劝阻，接二连三地举全国兵力远征高丽，造成百万民夫、官兵因时疫、劳累、饥寒而大面积死亡的时候，造反的声音更是一浪高过一浪。其中有人是因为连年的饥荒和战争真的混不上一口饭吃，不得不反；也有不少人蓄谋已久，趁乱起兵，图谋杨隋的江山。

　　事实证明，第一种因生活所迫落草为寇的造反者大都不是真正的造反，遇上大军围剿或者朝廷宽宥，立刻土崩瓦解，烟消云散；第二种蓄谋造反、趁乱取利的人就不一样了，他们有野心、有实力，再加上杨广的不得人心，很有可能霸业得逞，过一过黄袍加身的皇帝瘾。不过第二种造反者也分两种情况，有因为国仇家恨对隋朝恨之入骨的前朝遗民，也有早就生出不臣之心的隋朝权贵。所以说，隋末的反王和烟尘几乎就是因后面这两个圈子之间的较量而诞生的。

瓦岗军可以说是全国众多义军当中最富盛名的一支。战斗力强是一方面，拥有数十位名震后世的大英雄大豪杰也是瓦岗最成气候的原因之一。

自大业七年（公元611年）翟让揭竿而起开始，中原大地逐渐形成了以瓦岗寨为中心的人才圈，会集了当时形形色色的英雄。寨中诸位好汉，有畏罪逃亡的朝廷钦犯，有为搏功名的青年才俊，有武功高强的当世豪杰，当然也少不了不学无术的无赖少年。他们之间的关系也是错综复杂，有朋友，有老乡，有对头也有知己，了解了瓦岗诸人，也就了解了隋末"反贼"大致是什么模样。

瓦岗军的龙头老大是翟让，历史课本上白纸黑字的 "隋末农民起义领袖"。这个人能从无到有地开创一支义军队伍，绝对不简单。他是河南滑县人，有武功也有胆略，曾经很幸运地成为隋朝公务员大军的一员。隋朝之前几百年一直推行的是"九品中正制"，不管是官还是吏，都只能从门阀士族的小圈子当中挑选，平民百姓是很少有机会进入这个叫"国家机器"的特殊机构的。

也是杨坚有想法，不希望看到自己只能做名义上的皇帝，实权却被层层的大小门阀瓜分殆尽，所以他们开科举，给下层圈子的人打了一条通向上流社会的小门缝,翟让应该就是挤进这条门缝的幸运儿之一。

可是没有人会保证当上公务员就能当上高官，翟让在隋朝的官职是一名法曹，这个职位放在整个官僚系统中极不起眼，甚至都称不上"官"，只能叫"吏"。可是放到普通百姓身上，能当一个法曹就相当了不起了。

"法曹"是县级官员，主抓一县的司法和缉盗的工作，放到现在应该是县公安局长兼司法局长，属于国家暴力执法机构的工作人员。怪不得他后来造反，瓦岗寨的声势能远超其他农民军或者盲流团伙，原来是因为有前执法人员领导大家与以前的队友斗智斗勇，其存活率、成功率当然会大大提高。

小有能耐的翟让并不是胸怀天下的猛人，他的理想是小富即安，能在"公务员"队伍里按部就班平安退休的话，这辈子就算没白活。没想到自己一不小心得罪了上官，就被打进了死牢，翟让这才意识到法曹也不是铁饭碗，自己的小命在统治者看来如蝼蚁一般低贱。

也是翟让运气好，他所在牢房的"狱警"竟然是自己的粉丝。那个叫黄君汉的狱吏做出了一个足以影响历史进程的决定——放跑翟让，成全了一支规模浩大的起义军的首任执行官。

在历史进程当中，独具慧眼放跑翟让的狱吏黄君汉也不是简单的打酱油的角色，他人生的传奇性丝毫不亚于开创瓦岗基业的龙头老大翟让，他的故事我们会在后文中提到。

逃出生天之后的翟让深知只要大隋朝存在一天，自己的戴罪之身都是见不得光的存在。于是他悄悄回家叫上自己哥哥翟弘、侄子翟摩侯和朋友王儒信一起来到离家不远的瓦岗寨，竖起了反隋的大旗。从瓦岗军的成员主要是贫农和渔猎手可看出瓦岗并不是我们想象中的茫茫群山，而是像后世著名的水泊梁山一样，是一片山水纵横之地，地形复杂，易于藏身。

做过"公安局长"的翟让在家乡一带还是很有号召力的。他刚上山不久，一个叫单雄信的猛人就带着不少的小弟前来投奔了。

单雄信外号"赤发灵官"，一头飞扬的红发、一杆出神入化的马槊是他的招牌。这个人出身武将世家，祖父和父亲都曾担任北周的实权高官，拥有山东东昌府这块地盘。朝代更迭，大隋取代了北周，东昌府也不再姓单，将门之后的单雄信只好搬家，来到了翟让曾经风光过的东郡。单雄信二十多岁的时候就是"九省五路绿林英雄都头领"，听听这个响当当的名号，就知道这个人绝对是公安局极为重视的危险分子。

曾经的"公安局长"和绿林好汉的头领之间肯定发生过很多不为人知的故事。从单雄信带着手下的小弟们上山投奔翟让的事情来看，这两个人当时的关系处得还不错。也许是翟让下台后换了新的"公安局长"对单雄信不够尊重，才让老单怒而上山的；也许是单雄信过够了在小地方称霸的日子，也想趁隋乱之际有一番作为，就想跟着翟让大干一场，没准能混个比祖辈、父辈更好的身家。

翟让因为个人的仇恨而竖起反旗，单雄信追求另类光宗耀祖的方式而率众投奔。两个各怀野心的人因为共同的利益而暂时结合了。翟让很高兴地接收了单雄信带来的人马，可是几百人马的吃喝用度成为一大难题。原先只想到"替天行道"、"快意恩仇"了，却忽略了英雄好汉也和普通人一样，都得解决了温饱问题才能做大事。

"义气"让原本散落在各地的草莽之人聚集到一起。但是"义气"毕竟是虚的，乱世之中的义气尤其不靠谱，远没有粮草、兵马、铠甲等实实在在的东西更能让人看到前途。于是，每一个有远大理想的造反头子在用义气感召了一部分小弟之后，就开始谋划长远的利益。他们知道，只有利益才是稳定人心、凝聚力量的终极武器。

对于一大群没念过几本书、没有从事过正当职业的大老爷们来说，利益从何而来？"抢"是最好的出路。既然大家聚到一起是打着"替天行道"的旗号，那么抢劫老百姓的东西就砸了自己的名声。再说了，贫民百姓的那点财产他们也看不上眼，要劫就劫富户。

这时候，另一个东郡名人徐世绩上山了。徐世绩就是隋唐演义中"大智近乎妖"的常胜军师徐懋功。很多演义小说中都把徐世绩塑造成一个能掐会算的神棍形象，好像没有白发和皱纹显示不出他的智慧一样。其实这位仁兄上山的时候才是十七岁的少年，是富裕人家出来的公子哥。他主动上山的目的很值得推敲，肯定不是吃了官司，也不是穷得揭不开锅。最有可能的原因是他听说了翟让要带领儿郎们下山"吃大户"了，而自己家族豪富，肯定是最早被冲击的对象。与其等着家财被打劫，不如上来给这些粗人们指一条明路。另外，徐世绩自幼饱读诗书，兵法策论都了然于胸，年轻人渴望建功立业的思想也促使他想找一个合适的机会练练治国平天下的本事。各地义军风起，还是瓦岗寨离家最近，于是徐世绩本着就近的原则上山了。

他对翟让说："老大，虽然咱们在自己家乡拉起大旗，但是乡里乡亲的，侵扰他们于咱们义军的名声有损。不如派兵到宋州和郑州那边的河道上做生意去，那边商旅众多，咱们劫富济贫就没有人说什么了。"翟让一听，大赞此计甚妙。从此，年轻的徐世绩成为翟让的第一智囊。至于单雄信这样的赳赳武夫则是瓦岗的对外形象，意在告诉官军和其他义军俺们瓦岗不是好欺负的。

早期的瓦岗义军们没有脱离翟让的个人交际圈，所到的诸位好汉不是亲戚就是朋友，再不然就是亲戚的亲戚，朋友的朋友。大家因为彼此熟识而走到一起，因为互相知根知底而互相帮扶，在成功打了几次隋王朝的围剿之后，逐渐打出了瓦岗军的威名。

随着上瓦岗山的人越来越多，前期依靠翟让个人威望来管理众人的方式已经不再适应瓦岗山的现状了。这个状况好比今天的民营企业，创业初期可以依靠创业者的人格魅力来维持管理，但是发展到一定规模就必须要有相应的制度和规则出台，否则就会陷入到管理混乱中。大业十二（公元616年）年，瓦岗寨就出现了一次大规模的内讧，魏公李密趁机做掉了翟让，成为瓦岗新的龙头。

贵族出身的李密和小公务员出身的翟让有一个共同点就是都坐过隋朝的监狱，而且都越狱成功了。对方这一段不太光彩的经历他们都心知肚明，虽不点破，心里却有点惺惺相惜的意思。

　　隋朝的司法机构不是形同虚设，两个人能够顺利出逃，是他们各显神通的结果。一个是因为人品爆发，被"粉丝"所放；另一个是靠不断贿赂上官，让对方放松了警惕，才有了逃跑的机会。这样两个人才碰到一起，不做点惊天动地的事情出来，都对不起他们难得的再生机会。

　　李密的曾祖父在西魏的时候曾任上柱国将军，祖父也是北周的柱国将军。"上柱国"即国之栋梁，回头看看西魏的八柱国了不得，简直就是培养造反人才的摇篮啊。宇文泰的儿子宇文觉推翻西魏建立北周，并追认父亲宇文泰为太祖文皇帝；李虎，其子李昞虽然英年早逝，但孙子李渊争气，建立了中国历史上最为辉煌的大唐；李弼，其曾孙李密率领瓦岗军南征北战，差一点就推翻隋朝的统治，是最有资格与李渊争抢皇位的义军首领；独孤信，这位史上著名的美男子生了三个做皇后的女儿，其中一个女婿就是隋朝的开国皇帝杨坚……

　　从西魏到北周再到隋、唐，看似朝代更替，其实还是这些贵族后裔之间击鼓传花的游戏而已。

　　单说李密，虽然祖上风光无限，但是传到他这一代的时候，家道已然中落。他并没有被朝廷重用，只是承袭了一个"蒲山公"的虚名，做了隋炀帝身边的一个侍从武官而已。

　　据说炀帝一次无意间看到自己的侍从队伍中有一个人长着一双"奸狡"的眼睛，心生恼怒，就叫人把那个侍从赶了出去。因为一双异于常人的眼睛而失业，李密既冤枉又憋屈。回到家之后，他就对外宣称"因病自免官"，转而"闭户读书"，等待崛起的机会。

对于古代身处乱世的读书人来说，出路并不太多。有经世之志的人会出来做官实现自己"修身齐家治国"的梦想；好黄老之道的人会找个山清水秀的地方结庐而居，可能是真心归隐，也有可能把归隐当做终南捷径，以求用特殊的方式出仕；再有就是造反了，他们不用冲锋陷阵，只是给一帮造反的粗人们出谋划策就行，一旦造反成功，少不了一个宰相的位子。

当然，后一种选择的风险太大，不是乱世的话没有人会冒这个险。

李密是胸有大志的人，归隐对他来说是不可能的事情。在隋朝做大官的梦想也因为隋炀帝的以貌取人破灭了，剩下的只有拉杆子造反一条路能帮助他实现不甘平庸的人生追求。

李密的异心究竟何时而起不好猜测，但是当他无缘无故就被杨广赶出宫门的时候，内心必定是怨念丛生的。他与杨素、杨玄感父子素有交情，曾辅佐杨玄感起兵。杨玄感兵败之后，他又辗转到山东义军蜂起的地方，妄图凭自己的三寸之舌，说服那些大老粗们为己所用。

可能是李密太高估自己了，他的风度和霸气非但没能让自己融进山东大大小小的造反圈子，反倒被那些人肆意嘲弄。不是说"失败是成功的母亲"吗，李密就是在数次失败之后敲开了成功的大门，被翟让的瓦岗军接受了，继而取代翟让成为天下第一义军的龙头老大，有了逐鹿天下的资本。

先说说李密最早融入的杨氏贵族圈子吧。杨素父子都不是省油的灯，尤其是杨素作为大隋第一权臣，因为功高震主受到杨广的猜忌，心中的郁闷也是可想而知的。李密怎会不知道这一点呢？他与杨玄感走得近，就是想通过杨家的财力和杨素生前的威望来达到自己的目的。

杨玄感没有其父的大智慧，看不出李密有什么特别的地方。但是父亲杨素却对他说："李密比你小子强多了，事业上多听听他的见解有好处。"后来杨玄感在杨家渐受冷落之后起兵造反，李密就是他的高级参谋长。可惜的是杨玄感自身能力不足，起兵很快就失败了，连累了杨家满门抄斩，连死了的老父亲也被杨广从棺材中请出来。

作为杨玄感造反的帮凶，李密被效率很高的隋朝公安系统抓捕归案了。在押解洛阳的途中，李密策划了一场"虎口脱险"的精彩好戏，还没进入真正的监狱，就"越狱潜逃"了。此后通缉犯李密再也没有贵族的身份做遮掩，只能隐姓埋名在造反圈子里混了。他一边逃亡，一边物色值得自己委身的义军队伍。

李密逃亡途中，拜会的第一个山头是山东平原郡的一支队伍，大头领叫郝孝德。此人造反的时间比较早，手底下有数万人马，对只身前来的李密根本不感兴趣。后世的林冲上山的时候拿着柴进的介绍信都不管用，由此可见，上山入伙也不是一件简单的事情。

翟让当初是在家乡自立门户，应者云集。前来投奔的单雄信和徐世绩一个是旧识，一个是老乡，一个有人，一个有钱，所以大受欢迎。像李密这样单身上路的通缉犯又没有什么资源，想得到绿林好汉的认可比较难。

第一家山门碰壁之后，李密又来到了长白王薄的地盘。

此长白不是遥远的东北的长白山，而属于山东省的地界。此山因为山势陡峭，常年白云缭绕，得名长白山。因为杨广征高丽不得人心，王薄和同郡的孟让就在长白山上拉起了两股力量，成为最早反隋的义军。王薄属于知识型的流氓，他自称知世郎，凭借一首自己作词作曲的《无向辽东浪死歌》拉起当时第一支反隋的队伍。

李密本以为王薄会看在同为知识分子的份儿上收留他，却忘了"文人相轻"的古训。既然你李密以智谋著称，你来了不是抢我的饭碗吗？王薄没和郝孝德通气，就做出了同样的"送客"的动作。

遭遇"处处不留爷"的李密非常痛苦，甚至过了一段吃树皮充饥的日子。后来他干脆放弃了主动寻找义军入伙的计划，躲到南方一个农村当教书先生去了。也怪他的文化水平太高了，就像一个大学教授来教幼儿园，很快人们就发现他不对劲。尤其是喝点小酒之后，他还题了一首明志的"反诗"，很快就被有心人告发了。当官府派人前来察看他是否是通缉犯的时候，李密再一次逃跑了。

这一次李密跑到了河南，了解了翟让的瓦岗军。他在瓦岗附近忽悠了不少中小型的义军队伍，其中不少人都很佩服李密，甚至猜测童谣中传唱的"杨氏将亡，李氏当立"就是在说李密会是下一个真命天子。没办法，谁让咱们世代务农，祖祖辈辈都是泥腿子，而人家李密的祖上却当过大官呢？

虽然义军们起兵的原因各不相同，但想通过这样一种激烈的方式来改变自己的生存地位应该是不争的事实。他们也听说过"王侯将相宁有种乎"的言论，但骨子里还是迷信贵人得天下的说法。程咬金不是在家乡搞了个团练之类的微型武装集团吗，估计就是这个时候，被李密忽悠到瓦岗来的。程咬金、秦琼等猛将都曾担任过李密的个人保镖团的首领。

既生密，何生让？

有了小股义军支持的李密不再狼狈了，他决定上瓦岗会一会与自己一样有着被隋王朝通缉经历的翟让。翟让手下武有单雄信、文有徐世绩，兵强马壮，生财有道，短时间内成为李密的理想雇主。

手中有了小股力量的李密相当于拥有了一份上山的"投名状"，既给了翟让面子，同时为自己搜罗了不少嫡系的力量。当时还没有被翟让接纳的李密肯定没有取而代之的野心，但是野心这东西就像野草一样，只要给它合适的养料，就会落地生根，继而疯长。

双方会谈结束后，李密得出一个既失望又兴奋的结论：自己高看翟让了。翟让的胸无大志和小富即安让他倍感失望。可是转念一想，翟让目光短浅不正是自己的好机会吗？于是李密有意讨好翟让，在瓦岗寨竭力表现自己的能力和忠心，终于换来了翟让的绝对信任。

说是"绝对信任"也许不太恰当，谁会喜欢一个处处超越自己的人呢？除非那个人是自己的儿子，可以美其名曰

"青出于蓝而胜于蓝"，至于其他关系的，免谈。尤其是下属表现得比老板还要聪明的时候，就是倒霉的日子来了。果然，瓦岗内部很快就分裂成了两派，原有人马是翟让的忠实拥趸，而后来上山的人大都佩服能力超群的李密。

论见识、论政治斗争的经验、论指挥作战的本领，李密都比一直在农民军中打转的翟让和商业世家出身的徐世绩要高明。很快他显示出自己的才干，坐上瓦岗军的第二把交椅。有了这一步做铺垫，李密继而又萌生了取翟让而代之的野心。这个情况和后世的梁山颇为相似，晁盖厉害就能取代白衣秀士王伦，宋江技高一筹就能取晁天王而代之。

李密的武力值并不差，但是在瓦岗那么多超一流武将面前，李密的武功如何并不重要，重要的是他的谋略总能与众不同。在李密上山之后一系列的献计献策之后，瓦岗军的实力进一步暴长，隐然有了凌驾于各路义军之上的气候。本来只是因为自身遭遇而对隋朝痛恨无比的翟老大也在李密的撺掇下，滋养了问鼎称帝的野心。

瓦岗军大败隋朝柱国张须陀一役，彻底奠定了李密的江湖地位。张须陀是什么人？此人是隋朝一员猛将，平乱剿匪的"专业户"，隋乱时期的"救火队员"。多少"贼寇"听到张须陀的威名都会闻风丧胆。王薄、孟让等人就没少在张须陀手下吃亏，山东境内的其他义军也都将张须陀视为隋朝第一大患。李密加入瓦岗军之前，翟让也曾多次败在张须陀手下，对老张的军队畏惧至极。

当翟让听说张须陀再次攻打瓦岗的时候，他像往日一样激动地要弃城而逃（当时瓦岗已经攻下几座小城池了）。徐世绩苦苦说服翟让迎战，李密则制订了具体的战略方案。

结果，瓦岗军大败隋军，拿下荥阳，威震天下，一时间所有的义军都向瓦岗寨行注目礼，希望有朝一日能取得同样的成就。而李密立下大功，在瓦岗军中的威望与日俱增，几乎能够与龙头翟让比肩了。

"一山不容二虎"，翟让心中有没有芥蒂不好说，早早追随他的那些人坐不住了。李密这边同样如此，他有野心，但憋着不说，他身边的人早就按捺不住，起了杀翟让夺权的心思。

最初翟让因为戴罪之身落草为寇的时候，肯定没有人羡慕他的处境。而今经过几年的奋斗，瓦岗军打下了大大的基业，甚至有了与隋炀帝一争高下的机会，瓦岗老大的地位就有很多人眼红了。

如果说最初聚集在翟让身边的圈子还是因为"讲义气"加上一个遥不可及的"共同富裕"的奋斗目标的话，而今凝聚这个圈子的动力早就面目全非了。江湖汉子之间拍着胸膛跟你嚷嚷哥们义气三分真七分假，真正能让人家为你卖命的还是看你出得起什么价位的"卖命钱"。

大败张须陀之后，瓦岗军形势大好，李密建议乘胜攻下洛口仓，一来占据洛阳门户这个重要的战略位置，另一方面开仓赈济遭遇黄河水患的难民们，收买人心。翟让看到李密逐渐做大，略微有些养虎为患的担心。但是出于公信力的必要，他还是大方地批准李密建立自己直接领导的武装"蒲山公营"，还任命李密为魏公，置魏公府和行军元帅府。

　　瓦岗军破隋的进度很快，眼看着东都洛阳就要收入囊中。与此同时，李密与翟让之间瓦岗新旧势力的交锋愈加明显。这一矛盾既可以说是因为翟李两个人争权夺利而起，也可以看做是以翟让为首的农民军将领和以李密为首的世家子之间谁占上风的较量。

　　事情很简单，原本瓦岗寨虽然发展不是很快，但是上下一心，都认翟让这个大哥。而后李密一个很强势的外人来了，来了之后就把原本属于翟让的小弟变成了自己的小弟。这样翟让就不乐意了，说话办事会有意无意地疏远李密，而李密就先下手为强，直接在一场"鸿门宴"上，把翟让连同他身边的几个心腹一起杀掉。

　　翟让一死，瓦岗就完全落到了李密手中，瓦岗诸将不管真情假意，暂时也都归顺了蒲山公。徐世绩也是其中之一，但他在"鸿门宴"混战中受了伤，对李密产生了不满，这种不满的情绪为以后徐世绩投唐埋下了伏笔。

　　表面上看，瓦岗内讧，李密占到了上风，将原本分散的军心又收拢到一起。实际上，这种很不义气的"鸿门宴"给其他居心叵测的将领树立了反面教材，瓦岗军因为将卒离心，反倒削弱了自身的力量。

　　魏征和徐世绩应该算是李密身边的谋臣圈子了，可惜的是李密不知道珍惜，将这两个经世之才留给了李世民，开创了属于另一个李姓的贞观之治。

　　魏征的祖上在北齐的时候还算说得过去，可是经历几次三番的改朝换代之后，曾经的望族早就雨打风吹去了。他当过道士，投靠过反隋的军官元宝藏，之后又上瓦岗，做了李密手下的一名元帅府文学参军。掌管文书这种工作可大可小，可以大到影响主公的决策，也可以小到仅仅是一个抄抄写写的木偶而已。显然魏征在瓦岗就没有发挥自己才智的空间，否则瓦岗很可能会有不一样的结局。

当魏征跟随李密降唐之后，他才迎来了自己生命当中的春天。在李世民麾下，魏征才算进对了圈子，实现了自己的人生大业。

像王伯当、秦叔宝、程咬金这些赫赫有名的武将们都先后被拉拢到李密身边，但结局却是天壤之别。秦叔宝、程咬金等人确实是"识时务"的"俊杰"，并没有死忠某一个人，所以他们能成为李世民的"凌烟阁二十四功臣"，能够"马上封侯"。别看他们在评书里都是义薄云天的英雄好汉，实际上人家的身份一直在变换，都曾是隋将，后归瓦岗，降过王世充，又归顺李唐，一直在不断地选择最有利于自己前途的"明主"。

乱世之中，所谓的"明主"很简单，就是谁能提供更加长久、稳定的利益而已。"弃暗投明"很多时候看起来是一种出于正义的选择，实际上也是出于维护自身利益的选择。

神箭手王伯当与程咬金等人相比，就单纯多了。他入瓦岗之后一直忠心追随李密，陪他出生入死。李密在杀翟让、投唐又反唐这些关键的时刻，都因为王伯当的拼命保护才得以幸存。不管李密这个人是英雄还是枭雄，王伯当都是天地可鉴的好汉一个。他用生命诠释了乱世之中什么叫"忠"，什么叫"义"。

有人说王伯当是李密的学生，所以他才会对李密忠心耿耿。这个说法是否可靠，姑且不论。在"权"、"利"、"名"、"财"至上的乱世，难得有王伯当这样一个当之无愧的贴上"忠义"标签的好汉。李密也因为有了王伯当这样的死士相随，才让他坎坷的一生多了几分厚重。

试想，如果一个纵横乱世的枭雄身边都是朝秦暮楚的小人，没有一个可以生死相托的战友，这种枭雄的个人魅力是很让人怀疑的。

第二节 那个"王"兴"王"灭的乱世

善待文人也是罪

河北窦建德在隋末十八路反王中，应该算是名声最好、道德缺陷最少的一位。他起兵是因为自己一家老小全被官兵所杀，身负血海深仇。

开始，窦建德的目的很简单，就是为家人报仇。可是随着归顺到他手下的人越来越多，窦建德也逐渐生出逐鹿天下的野心。争霸这种事在他当农民的时候肯定没有想象过，但是窦建德的人品实在是太好了，总有人主动把队伍送上门来供他驱使。

窦建德曾经资助过的同乡孙安祖曾经与人火拼，失败之后，孙将队伍交给他打理；窦建德曾经投靠过的高士达被隋将杨义臣打败之后，残部自发归顺于他；自称"齐王"的山东反贼张金称因轻敌败于随军，几万部众被打得七零八落，残部也仿效山东地区其他群龙无首的组织，找到窦建德，非要效忠不可。有了数次不请自来的部队扩充，窦建德的力量想不壮大都难。这些农民军在失其将领之后，主动投靠窦建德，足见此人的政治工作相当成功，名声在民间大大的好。

其实，窦建德在造反之前就很重视口碑这个问题，窦家庄周围十里八乡的村民们，没有人不知道他的大名。因好名声受到盗匪的尊重，因好名声被官府怀疑导致家破人亡，因好名声聚起十万之众，因好名声成全了一个农民做皇帝的梦想，窦建德后半生的悲喜好像都源于此。

窦建德是贝州漳南人，世代在今天衡水故城一代务农。他们老窦家几辈子都是勤恳持家的农民，到他这一代的时候，家境还算殷实。小有积蓄的窦建德是典型的仗义之人，为人轻财重诺，喜欢广交朋友。

关于窦建德的急公好义，有一个小段子广为流传。那是建德年轻的时候正在田地中赶着耕牛犁地，听说同村一家死了父亲但是无钱下葬，窦建德随手把自家的耕牛解辔，送到那户人家，让他们卖牛发丧。一头耕牛为窦建德赢来了十里八乡的赞誉之声，同乡的后生们都以认识窦建德为荣。

后来窦建德的父亲去世，前来送葬的人多达千余人。死者已逝，庞大的送葬队伍都是冲着窦建德的面子来的，甚至其中很多生面孔都是慕建德之名而来，本家儿并不认识。这一次葬礼收到了不少的金银财帛，这些份子钱对于庄户人家来说是一笔不小的收入。可是窦建德毫不动心，让朋友们帮忙——物归原主。这件事让大家更加佩服他，知道这个人不是见利忘义之辈。

大业七年（公元611年），隋炀帝派人到河北招募军队准备北伐，窦建德因名声在外，被推举为二百人长。新兵窦建德刚入伍就能管辖二百来号弟兄，他觉得当兵的日子还算不错。窦建德要上前线之前，发生了一件事情，影响了他对未来的判断。

当时，他的一个叫孙安祖的朋友因为偷了人家一只羊而被县令抓去挨了一顿板子，然后放了出来。偷偷摸摸本来就不是什么好事，即便县令不打他，被丢羊的人家抓住了也难逃一顿毒打，认了就是了，怪就怪自己手脚不干净。可是孙安祖不这么想，他觉得县令对自己太苛刻了，一怒之下就把县令杀了。

孙安祖杀了朝廷命官后也知道大事不好，就逃到了窦建德家。人们不是都说窦建德急公好义，有古之朱家、剧孟之风吗，那么他敢不敢收留眼前这个送上门的刑事犯呢？孙安祖也没想到窦建德真仗义，收留自己不说，还给自己指了一条明路，告诉他去附近的高鸡泊落草。

隋朝时期的高鸡泊应该和后世的水泊梁山具有同样的江湖地位，是所有与官府为敌的猛人们的落脚点。光杆司令落草为寇也没多大意思，窦建德还帮忙召集了一些逃兵和流民，归到了孙安祖的统治下。表面上看，孙安祖成了高鸡泊的大头领，可窦建德从头到尾都参与进来了，谁能说这不是他为自己留的一条后路呢？

当时南漳一带盗贼颇多，但这些盗贼们像是商量好了一样，都对窦建德的家比较照顾。不管他们怎样烧杀抢掠，窦建德家都安然无恙。盗贼们觉得这样做是给窦建德面子，殊不知这等于告诉官府窦建德和盗匪是一伙的。

官府很快就找上门来，把窦建德的家给抄了，虽然财物没有捞到多少，但是窦氏一门大大小小的族人都成了冤死的鬼魂。窦建德听到这个消息，就带着手下的二百多人叛逃出了军营，投奔高士达的义军而去。

因为窦建德在江湖中的名望极高，高士达不敢怠慢，当场就给了他一个"司兵"的实权位置。后来偷羊的孙安祖和山东张金称的队伍火拼，孙安祖兵败被杀，他的部众们都来依附窦建德。巧合的是，几年之后，发展到数万人规模的张金称在一场与隋军的较量中大败，他的余部也都主动来找窦建德，请求他的收留。

由此可见，一个好名声对于黑白两道的人来说都是极为重要的资本。尤其是乱世之中，官府都不可信的情况下，普通的士兵们能相信的就是"好人"。极短的时间内，窦建德的部队就发展到了十万之众，在山东聊城一带威望极高。

窦建德起兵的时候，已经是近四十岁的年纪了，他的谋略和见识远非一般毛头小子可比。618年，李渊称帝，改年号为武德元年。但是大唐的江山并不稳固，还有众多比他起兵还早的队伍对花花江山虎视眈眈。

这一年正月，窦建德就联络上朱粲、孟海公、徐圆朗等众多反王一起派出了使者到瓦岗山找李密，请他先称帝。倒不是窦建德他们不想称帝，实在是就他们这个圈子来说，李密的瓦岗军实力是最强的。

何况这些猛人们谁不知道"枪打出头鸟"的道理，先把李密推出来做靶子，自己也好趁机松口气啊。谁知道李密根本不领这份情，直接以时机不成熟为由推辞了这件事。

李密被众人算计了一回，也不打声招呼，就开始了反击。他随即派出慰问团到处露脸，义正辞严地宣扬隋炀帝误国、瓦岗救世的言论，连同行的地盘都敢去。窦建德他们知道李密这是收拢人心然后各个击破，干脆撕破脸，也纷纷自立为王，不再搞虚情假意那一套把戏。

除了讲义气，窦建德还有一个好习惯就是不杀读书人。当时读得起书的人，家道都不会太落魄。而其他义军造反，杀了不少不识时务的读书人。窦建德眼光长远，知道读书人的支持与否，于自己的大业十分重要。得罪了读书人，等于在舆论上先输了一阵。

所以他的部下抓住读书人之后不但不杀，还好吃好喝好招待，感动得天下书生们眼泪哗哗的。有人干脆就不走了，直接投身到窦建德的革命队伍当中，做了文书或者幕僚一类的文职工作。

因为有了善待读书人的名声，窦建德的招兵工作一直都进行得比较顺利。造反这项大事业，人才就是根本。攻伐抢掠的时候，什么素质的人都可以招募进来，一旦真的发展到了自立为王的地步，没有读书人，怎么撑得起一套班子的编制，怎能让自己的王国有序运转？

还记得瓦岗军师徐世绩和文学参军魏征吗？这两个人从瓦岗出来之后，归唐之前还都与窦建德有过一段上下级关系。窦建德仰慕两个人的才华，当然希望他们能辅佐自己成就霸业，但是这两个人像是商量好了一样，都不看好窦建德，谁都没有好好留在窦建德的军队中卖力。否则的话，有了这两位人才，也许李唐的江山得来的会更曲折一些。

窦建德重视名声，从他自己给自己找祖宗这件事情上也能看出点端倪。他们一个村的人都知道窦建德家世代务农，没出过什么大人物。可是窦建德长大了、有出息了就想着给自己找一个风光的祖宗不可。可惜离他较近的姓窦的名人不多，窦建德干脆把目光放到了500年前，认了大汉朝窦太后（窦漪房）的老爸安成侯窦充成了自己的先人。说起来，窦漪房老家是现在河北武邑县，离窦建德的老家并不远，这样认亲的话，还不是那么太离谱。

说到收买人心，窦建德其实一直做得都不错。他讲义气、重视读书人，都为自己的队伍迅速壮大提供了帮助。有了争霸天下的野心和实力之后，窦建德的政治秀表现得越来越成熟了。杨广不是死在奸臣宇文化及的手里吗，窦建德就灭了宇文化及，成为替皇帝、替隋朝报仇的盖世英雄，这对仍旧忠于隋朝的人来说，窦建德就比其他乱党容易接受。

另外，窦建德还参拜了杨广的遗孀萧皇后，自称臣子，对萧后恭敬有加，收复了忠于杨隋皇室的诸人之心。拜完主母之后，他找到了盟友王世充，让王世充拥立的皇孙封自己为夏王，这样一来，自己的名分就不是自封的，而是得到朝廷正式承认的了。

更了不得的是，窦建德还得到了隋朝的传国玉玺、天子仪仗以及裴矩、虞世南等大隋名臣，这样的优势连李世民父子都嫉妒得够呛。

等到李世民腾出手来收拾王世充的时候，窦建德坐不住了。他决定出手，帮助势力稍弱的王世充来对付来自关陇贵族的李世民了。在窦建德看来，三方当时的实力是旗鼓相当的，所以只要自己帮助其中一方，就一定能左右战局。既然李世民实力稍强，那么他可以再联手王世充打败对方之后，再好好收拾王世充。

这人啊，不管坐到什么高位，只要平常心变成了野心，就容易失去自己的判断力。窦建德的一世英名就毁在最后对局势的错误判断上了。他只看到了自己手中有人有马有地盘，却忘了自己和李世民、王世充的起点是完全不同的类型。

说到底，隋朝还是沿袭了北朝的士族制度，所谓的"贵族"和"士族"在社会、在朝廷的影响力是无法估计的。李世民就是关陇贵族的一支，有着平民无法想象的错综复杂的人脉关系。窦建德只是河北一个农民，因为机缘巧合造反还算成功，但是自古以来真正是农民起义出身的帝王能有几个？王世充介于二者之间，是由商人再到官僚的普通士族，虽然得到过杨广短暂的恩宠，但骨子里的市侩气息是无法抹灭的。

表面上看，是三股势力在争抢天下，实际上还是三个不同的圈子在代表各自的利益而战。尤其是豪门贵族与平民百姓之间两个从不交叉的圈子，谁赢谁输靠的还是圈子背后的力量，而非当时真正派上场的前台演员们。

虎牢关一役，宣告了窦建德和王世充两位极有实力的反王都被淘汰出局，此后，李唐的皇位越坐越稳。

从大业七年（611年）拉杆子造反到大唐武德元年（618

年）自立为夏王，窦建德经过八年的风雨征战，也算得上是老革命了。

八年的时间中，他的所作所为一直为人所称道，比起一般的有了点权势就不知道自己姓甚名谁的义军首领强得多了。他不喜奢华、不爱美色、不贪财物，做了夏王之后还坚持与士兵同甘共苦，这些都是窦建德的部队忠诚度比较高的原因。

而今，山东清河一带的夏王庙仍旧香火鼎盛，那是忠厚农民在祭奠同样农民出身的夏王窦建德。

一对败给利益的结义兄弟

比起李密、翟让、窦建德等同行，江淮杜伏威的出身才叫可怜。前面几位老大好歹还是落魄贵族、小公务员或者小地主，杜伏威却是赤贫，无财无势无靠山。因为穷，他从小没少干偷鸡摸狗的"壮举"。

他的好朋友叫辅公祐，此人更是善偷，经常偷亲戚家的羊来找杜伏威，然后两个人一起烤了吃。经过不断地偷羊、烤羊的默契配合，杜伏威和辅公祐的胆子越来越大。

隋乱之时，法律严苛，偷羊的事情一旦曝光就是一个杀头之罪。于是，这两个齐郡章丘县的后生不等官府来抓，自己就扔掉了良民的帽子，扯旗造反了。是年，大业九年（公元613年），杜伏威仅仅16岁，放到现在不过是初中生的年龄。看来不光是"英雄出少年"，做反贼这项工作也讲究个"后生可畏"。

其实，以杜伏威当时的名望和资历，要拉起一支队伍还是很不容易的。他也清楚自己当时的境况只有一腔热血，一身勇力，没有物资、没有地盘、没有振臂一呼就能引起无数人响应的响亮招牌，只得就近参加了一支小股义军，等待出头之日。乱世之中，像杜伏威这种光脚的不怕穿鞋的懵懂少年，正是建功立业的大好时机。

他们没有后顾之忧，也不惜命，一心只想出人头地，这样一来反倒容易在义军当中脱颖而出，得到大当家的还有兄弟们的信任和尊敬。凭借"初生牛犊"之势，杜伏威在他投靠的第一支队伍中闯下了名头，有了参与到争霸天下游戏的原始资本。

杜伏威的根据地在江淮一带，这个地点不能说不好，但是与河北、山东等北齐旧地相比，隋军对江淮的控制力度还是比较大的。尤其是杨广登基之前，曾经在江南任职十年时间，对这块地域的重视程度也是不同他处的。

从这一点上来说，起点本来就不如旁人的杜伏威在地盘的选择上又输了一局。他意识到自己虽然逐渐成为这一小股义军的首领，但这个力量实在是太弱了，别说对抗大隋朝了，就是同行们也能轻易捏死他。杜伏威决定软硬兼施，蚕食自己周边更小的力量。从杜伏威后面的战果来看，他在拉拢队伍方面还是很有天赋的。

说他是软硬兼施并非虚言，杜伏威还真是胡萝卜在左，大棒在右，两手一起抓的这件吞并大计。比如对待江苏下邳的苗海潮，杜伏威采取的就是胡萝卜政策。他让自己的搭档辅公佑去向苗海潮送信，以来示自己对苗的重视。

信上的内容很简单，恩威并重，双管齐下，大意是说，"兄弟，咱们做这一行的，分散开来力量就弱，合兵一处力量就强，这一点毋庸置疑。可是现在有一个难题，就是你来投靠我还是我去投奔你，你好好考虑考虑吧。"

这个苗海潮收到信之后，反复思量，觉得论实力，自己比杜伏威还差一点；论前途，自己更是比不上那个毛头小子。反正自己也没有称霸天下的决心，在乱世之后落草为寇那是不得已的事情，既然现在有人愿意管自己手底下这帮弟兄，还许诺给自己一份光明前景，那就姑且相信好了。

于是，苗海潮很痛快地率领自己刚刚打理好的队伍，归顺了杜伏威部。杜伏威只靠一个使者一封信就平白得到了现成的地盘和力量，威名在江淮一带看涨。

他的另一个邻居海陵赵破阵听说了杜伏威兵不血刃就收降了苗海潮一事，很是心痒难耐。因为赵破阵"闹革命"的时间比上面两位都要早，实力也更强一些。他想复制杜伏威的方法，把杜的部队收归己有。

赵破阵欺负杜伏威的把戏和当时杜伏威对待苗海潮的路数如出一辙，这一点让杜伏威很是看不起赵破阵，觉得这个人一点创新精神都不讲，竟然抄袭自己的创意。他也不想想，既然这招就是他杜伏威想出来的，他能没有破解的招数吗？

果然，当赵破阵派使者前来招降杜伏威的时候，杜伏威假意答应了。为了表示诚意，杜还亲自带领十几个弟兄亲来到赵破阵的地头投诚。赵破阵打心眼里就没有瞧起杜伏威，觉得这样一个胡子都没长齐的青瓜蛋子成不了什么气候，竟然大大咧咧招待杜伏威，一点防御措施都没做。

杜伏威哪会客气，他当场刺杀了赵破阵，让海陵群龙无首。不一会，辅公佑按照计划率部来攻，里应外合，收拢了赵破阵的全部力量。此二战，一软一硬，让同行们见识了义军圈的后生晚辈不凡的身手，杜伏威则凭借迅速壮大的力量，跻身一流造反圈。他自称将军，纵横江淮，江淮各地小盗争先恐后纷纷来归。来得早的，还能得到杜老大的亲自招待，归顺晚的，可就没有这份殊荣了。

杜伏威治军也很有天分，虽然他没有上过军事学校，也没有读过兵法策论什么的，但是对于一个天生英雄的猛人来说，有些事情似乎就是犹如神助的。他仿照北齐贵族那些家主一样，广收义子。帐下凡是作战勇猛之人不管年龄大小、职位高低，都可以成为老杜的干儿子。这件事情后世讲起来挺滑稽的，但当时还真就是一群年岁不等的武将们围着年仅二十来岁的年轻杜伏威口称"义父"。

老杜最精锐的部队就归自己率领，三十多个干儿子协助管理，像极为勇武的王雄诞就是杜伏威的义子之一。这个干儿子和老杜年岁相当，在归顺老杜之后，对老杜曾经多次舍命相救，两个人的感情还是相当深厚的，并非完全的利用关系。

大业十一年，也就是杜伏威造反两年半之后，他遇到了这辈子最恨的人东海李子通。当时李子通吃了败仗，带着手下一万多号人来投靠杜伏威。对于这么庞大的一支队伍，杜伏威实在是高兴不起来。对方虽然带来了不少人马，但也带来了隐患。这么多人会乖乖听话吗？一旦他们生出异心，会不会牵连自己原来的人马？

李子通也是反王出身，果如杜伏威所料，不是久居人下之辈。原来他率众出逃是因为在山东长白山一代和人搭伙的时候太得人心了，遭到搭档的嫉恨才不得不离开的。到了杜伏威处，李子通一开始还能恪守客军的本分，对义军的指挥权退避三舍。

时间稍长，他就按捺不住了。这就好比一个做惯了老大的人，让他老老实实做老三、老四还真是难为他了，不生出反心才是怪事。

李子通潜伏在杜伏威军中，竟然发动了兵变，打了杜伏威一个措手不及。虽然杜伏威也曾怀疑过李子通投靠的诚意，但他还是高估了对方的耐心。兵变之中，老杜受了重伤，幸亏义子王雄诞相救才幸免于难。此后，杜伏威对李子通恨入骨髓。

隋军也不是吃素的，当他们听说江淮军内讧的时候，马上就反应过来进行剿匪了。杜伏威本来伤病未愈，最狼狈的时候竟然靠一个部下的彪悍妻子背着逃跑。李子通也没什么好下场，在隋军的进攻之下节节败退，最后率领残部逃到海陵去了，到底也没能抢走老杜的地盘，反倒是隋军渔翁得利了。

伤愈之后的杜伏威经过长达半年的休整，队伍才稍稍恢复当年的气象，还控制了江都附近的六合县作为根据地。江都又叫扬州，那可是杨广毕生最为重视的地方了，这里对他来说比洛阳还要亲切。君不见隋炀帝几次三番劳民伤财地乘坐豪华龙舟就是为了巡幸江都吗？所以老杜又悲剧了，他的地盘放到了杨广的眼皮子底下还能有好下场？隋军的精锐部队成为杜伏威的头号大敌。隋军虽然士气不怎么样，但胜在训练有素、装备精良，和杜伏威对阵总能打成平局，僵持不下。

从本质上来说，杜伏威并非天生反骨的那类人，他还是渴望得到正统力量的认可，好好做富家翁的。

后来王世充扶植皇孙杨侗即位，杜伏威就接受了杨侗的封赏，做了楚王。后来李渊的江山日渐稳固，老杜又归顺李渊，成为李唐王朝的太子太保、尚书令、异姓王等极为尊崇之人。杜伏威也防范着李渊玩鸟尽弓藏、兔死狗烹一类的"帝王之戏"，把结义兄弟辅公祐留在了江淮根据地。按照他的想法，两兄弟一个在朝一个在野，就能共享太平。

他没想到，在利益面前，结义兄弟也是不可靠的。辅公祐竟然不顾这个兄弟的死活，在杜伏威归唐仅仅一年就起兵反唐了。这下可把老杜害惨了，李渊不问青红皂白，将杜伏威一家老小抓了起来。不久，唐宫传出消息，杜伏威因为服食云母过量暴卒了。"暴卒"对于帝王之家来说是一个出现频率极高的词语，但凡主上不喜欢的人都会以这种方式离开人间。

辅公祐难道不知道他若起兵反唐会害了杜伏威吗？这个问题有点幼稚啊，这一点他怎么可能想不到呢？可是当他知道自己有称帝的可能性的时候，还会在乎结拜兄弟的死活吗？恐怕就是亲兄弟，也阻挡不了他称帝的大业吧？

想想就在不久前，两个很有默契的兄弟经历了偷羊共患难的时期。而今天大的富贵在望，兄弟又算什么？李渊派出了本家侄子李孝恭去攻打跳梁小丑一般自立为宋国皇帝的丹阳辅公佑，不费吹灰之力，辅公佑就败了。

两年后，李世民继位，突然"发现"杜伏威是被冤枉的，遂给他平反昭雪。但是人已经死了，平反不过是向新投降李唐的反王们表示他们李家的"大度"和"公平"罢了，贵族与平民圈子之间的胜负早就明了。

第三节 笑到最后的贵族圈子

门阀水深

《红楼梦》里的贾雨村当上县官的当天就有人献殷勤，送上"护官符"一张让他揣摩，免得不小心得罪了京畿附近乃至整个天下最具权势的"贾史王薛"四大家族。

隋朝初年，也出现过这种权倾朝野、一手遮天的"四大家族"，他们分别是："李家铁骑行天下，独孤门生镇四方，宇文腰缠家万贯，萧家偏安在岭南。"

四句打油诗说不上什么意境高远，甚至连最基本的合辙押韵都没有，偏偏是这四句诗代表了影响中国一千多年前的政治、文化格局的四家门阀大族。

打造出大唐盛世的陇西李家自不必说，一门出了三位皇后的独孤世家不能不提两句。风流倜傥的独孤信称得上"千古外戚第一人"，他本人是万里挑一的美男子不说，生的几个女儿也是闭月羞花、沉鱼落雁。结果长女许配给了北周世宗宇文毓，被追封为明敬皇后；四女儿嫁给了李渊的老爸李昞，等李渊即位后，追封母亲为元贞皇后；七女儿独孤伽罗更了不得，嫁给杨坚之后，竟然一人专宠四十年，让万万人之上的皇帝老公不敢有丝毫拈花惹草的行为。三个女儿贵为三朝皇后，独孤家的权势之大、影响之深可想而知。

另外像偏安岭南、割据一方的萧家和富可敌国的宇文世家，也能挖掘出不少赚人眼球的事迹。这就是门阀的魅力，比别人多几个荣耀的祖宗、一份显赫的家世，就能平白得到许多普通人终其一生都想象不到的好处。

隋朝的下层人群，无论是寒门学子还是疆场武夫，没有一个不希望改变自己的出身，混上贵族头衔的。尽管"三代才能造就一个贵族"，但至少自己的子孙不必再低人一等了呀！

有些人就因为希望改变出身的愿望过于迫切，一时"误入歧途"，加入了"各路反贼"的圈子。谁都知道顶着"造反"的贼名有极大的失败风险，但是万一侥幸成功，自己就有可能成为少数新的门阀族长之一。为了实现这个渺茫的理想，一代又一代的寒门学子前赴后继地走上推倒旧有统治者的造反之路。

如此看来，大业年间此起彼伏的各路反王大半都是下层圈子的佼佼者"要求进步"的体现。可是沉淀数百年的贵族门阀岂是那么好相遇的？推翻一朝一帝容易，推翻一个门阀家族却是相当困难。结果隋末轰轰烈烈的"十八路反王、六十四路烟尘"将隋王朝搅合到了尽头，最后却把江山拱手送到了陇西李阀的手中。并非反王们心甘情愿地让出"革命果实"，奈何自己心不够黑、手不够辣、兵不够强、智不够广，既没有豪门世家的经济实力，也没有人家积累几世的野心和政治视野，这一切先天不足让众人最终的失败成为意料之中的必然。

李唐掌控天下之后，原本与他们属于同一阵营的独孤氏、宇文氏、萧氏也都随着它水涨船高，继续权倾天下吗？非也。既然杨坚和杨广爷俩都意识到了门阀的存在对皇权的影响，心思更加缜密的李渊父子怎么会容忍能威胁自家皇帝宝座的门阀贵族继续风光下去？

于是，在皇室的打压之下，曾经辉煌无比的关陇贵族圈子渐渐销声匿迹，而新兴的山东士族逐渐成长为新时代的豪门。清河崔氏、闻喜裴氏、范阳卢氏、荥阳郑氏等等，都是大唐一代新的力量。他们的出现固然削弱了原有贵族的影响，但新的圈子的形成也不容小觑。

此盛彼衰、此消彼长，或许这就是历朝历代上层圈子不得不遵守的铁律。

学习姨夫好榜样

提到泱泱大唐的开创者，很多人的第一反应会是英明神武的唐太宗李世民。但是，大唐的第一个皇帝不是李世民，而是他的老爸李渊。如果没有李渊的处心积虑，没有李渊的号召力、人脉关系和经济实力，李世民一个黄口小儿想要打江山的难度应该和李密、窦建德等人是一样的。

这样说并不是看不起李世民的能力，而是隋末的天下实在是太乱了，没有一个各方面都说得上话的人很难操控那样的局面，而李渊恰恰就是那位顺应了各方势力的"真命天子"。

他的出身好，这一点毋庸置疑。堂堂西魏柱国将军李虎的长子长孙，这份殊荣是极少数人才能享有的，就连他的表弟杨广也比不上他。当年杨广的爷爷也是西魏的大官，但只是大将军，距离李渊的爷爷柱国将军还是有一定差距的。换句话说，杨广的爷爷见了李渊的爷爷是要叫一声领导的。

李渊和杨广能扯上亲戚关系，要归功于另一位西魏柱国独孤信。他生了几个貌美如花的女儿，几个女儿都是他政治联姻的好砝码，而杨广和李渊两朝皇帝都是他的好外孙。

历史上朝代更迭的苦情戏居多，但在杨坚和李渊这对姨夫外甥之间却有着诸多惊人的相似之处。

李渊很小就死了父亲，所以小小年纪就承袭了唐国公的头衔，一个七岁的垂髫童子被人称为"国公爷"，这种荣耀可不是人人都当得起的。没爹的孩子李渊只能从其他男性长辈身上寻找父亲的影子。对他影响最深的长辈应该是他的姨夫杨坚了，而留给李渊印象最深的事情应该是姨夫不断变化的身份。

姨夫竟然从北周小皇帝宇文阐的手里抢到了皇位，在四十岁之后成为大隋朝的开国之君。这件事情对李渊的刺激太大了，原来不靠世袭也能穿龙袍、坐龙椅啊。果然，三十多年以后，他也从一个小皇帝杨侑手中抢走皇位，开创了大唐江山。

有了姨夫的榜样作用，李渊在夺位称帝的道路上越走越有信心。他比姨夫更有耐心，一直等到了五十二岁才登基，史称大唐高祖皇帝。

李渊称帝之时，天下早已大乱，十八路反王、六十四路烟尘都是虚指，实际上各种规模不等的造反部队将近一百四十支。李渊的聪明之处在于他野心立得早，但公开造反的时间晚。这一早一晚之间的时间把握让他拥有了最为雄厚的问鼎天下的资格。

早早树立造反之心可以早做准备，在表弟杨广没有察觉的时候就积蓄钱粮和争取其他贵族的支援，这一点比起"官逼民反"的窦建德、杜伏威之流就占了极大的便宜。晚一点公开起兵，则是自己坐山观虎斗之后渔翁得利的时刻。王薄、刘霸道他们起兵早不早？高士达、张金称落草早不早？没有用，早出头的代价就是更早地被张须陀、杨义臣等隋将给收拾了。

李渊在狼烟四起的时候抓紧机会向表弟表忠心，反倒步步高升，在起兵之前做到了太原太守一职，有兵有粮、有城有民，还有隋朝内部诸多关陇贵族的暗中支持，李渊的本钱实在是太雄厚了，这让那些草莽出身的反王们拍马都追不上。

当瓦岗军、河北军、江淮军们将大隋朝的江山搅和得七零八落，当远征高丽将大隋朝的国库消耗得七七八八，当连年的天灾让华北平原上到处都是饥民和饿殍，李渊的机会来了。他不用亲自动手去讨伐杨广，只需打出为表弟报仇的旗号来清剿那些反王就可以了。曾经叱咤乡里、横行一世的土霸王们到了唐国公的大军面前纷纷土崩瓦解，成为李渊上位的垫脚石。

大唐，踩着无数造反者的尸骨，诞生在隋朝的腐尸之上。

至于各路反王的下场倒是比较有意思，要么降唐，要么被唐军处死，别无第三条道路。程咬金、秦琼、徐世绩、魏征这些人就是降唐之后飞黄腾达的典型，他们成为大唐的开国功臣，被永远地供奉在了高高在上的凌烟阁当中。李密、窦建德、杜伏威等人就没有这么幸运了，虽然他们也曾降唐，但因为昔日的影响力还在，让李渊很不放心，于是有了再次反唐被诛或者"因病暴亡"的下场。

圈里圈外，斗争永不停息

　　李渊从各路反王手中抢到了天下，可以算是贵族圈子对阵平民圈子的一场胜利。可是事情到这里还远远没到画上句号的时候，李唐建国之后的内部争斗更加精彩，可比什么后宫女人之间勾心斗角的宫斗大戏复杂多了。

　　李渊有19个女儿、22个儿子，按说是多子多福的好命。可惜的是生在帝王之家的这些皇子公主们还真就没有一个让人省心的主。有人打了个很形象的比喻来形容李渊的孩子们，他说李渊的前几个儿子像李建成、李世民、李元吉等都是原配窦皇后所生，应该是诸子当中的精品。而后的三十几个子女都是小老婆们贡献的，只能算作流水线的产品，杂而不精。所以咱们就忽略不计其他的弟弟妹妹们，单看李建成、李世民兄弟能折腾出多大的风浪。

　　"玄武门之变"应该是皇室中兄弟相残、同室操戈最经典的案例，我们就不过多赘述了。这里有一个关键是当时李渊还没死呢，这些好儿子们就做出了这样手足相残的事情，让老爷子情何以堪。于是他仅仅做了八年皇帝之后就匆匆退位了，天知道自己不让出这个惹祸的根苗，几个胆大包天的儿子会不会连老子一起端了。

　　有趣的是，兵变双方除了李建成的太子党和李世民的秦王党，还有一支隐秘的后宫党在兵变之前就屡屡向李渊施压，处处压李世民一头。这种事情有可能是李世民登基之后为了自己的名声着想，授意史官们杜撰的，但无风不起浪，也极有可能真有什么蛛丝马迹露了出来。

李建成当了八年的太子，能没有自己的党羽吗？李世民常年出征在外，怎比得上天天早晚请安的大哥更讨父皇和众位小妈的欢心？李世民有众多的嫡系要养活要厚赏，势必会影响其他兄弟的利益，弟弟们、年轻美貌的母亲们怎会善罢甘休，她们能不在高祖皇帝面前吹吹枕头风吗？

这一切都给了李世民不得不发动兵变的理由，不造反就受死。与其自己去死，当然不如好好地活着看别人死更惬意了。"死道友不死贫道"，这种看起来很自私的想法其实就是人面临生死抉择时候的本能。

李世民在自己嫡系小圈子的协助下，打赢了大哥、四弟和后妈们合伙组成的杂牌军，成为大唐武德一朝笑到最后的那个人。

此后，武德结束，贞观开始。文武双全、人才辈出的秦王府圈子在经历了隋末群雄逐鹿的激战和唐初同室操戈的谋划之后，在诸多圈子当中脱颖而出，成为唯一的胜利者。看来，不管这个圈子是代表寒门还是豪门，实力都是唯一重要的标准。

第五章 五代，武人的世界不简单

　　五代，千年之前一个特殊混乱的时代。短短几十年的时间里，竟然出现了大大小小十几个国家，冒出了几十位异姓皇帝。这一时代的弄潮儿们"不爱红装爱武装"，他们"宁做百夫长，不为一书生"。

　　五代留给后世的没有光辉灿烂的文化、科技，也绝少缠绵悱恻的爱情绝响，生命痕迹最重的当属纵横于诸多短命王朝间的超级武人们。其中最为响亮的群体叫做"十三太保"。

第一节 兄弟神马的都是浮云

1300年前流行当"义子"

3000多前的西周时期，朝廷就设立了"太保"这一官衔，它是专门监护与辅佐国君的高官，地位显赫，虎威无人敢犯；巍巍大汉，太保与太师、太傅并称为"三公"，变成了高到顶级的虚衔，其性质与今日的"名誉长官"相似，虽然地位尊崇但没有实权。

可到了五代，世道变了，传统的高官逐渐演变成了江湖之中武艺非凡的好汉。尽管"太保"之名未变，但本质早已不同。民国时期，蒋介石和冯玉祥手底下各有一支颇有名望的号称"十三太保"的人，具体到这些"太保"们的本领大小暂且不提，这"十三太保"的名字却非原创，而是"山寨"了千年之前五代霸主之一李克用的"义儿军"的绰号。

活跃于五代时期的"太保"不是一个人，而是一个群体，一个以"十三太保"命名的"宇内无敌好男儿"的团体。把这些猛人们聚集到一起的人叫李克用，此人是唐末手握重兵的藩王。他在乱世之中凭借自己世袭的地位和过人的手段，成为唐僖宗镇压黄巢"反贼"最为倚重的一股力量。

李克用是沙陀人，信奉"枪杆子里出政权"的人生格言，他崇信武力，尤其对收义子这件事情有独钟。他从二十多岁出任云中守捉使以来，不断地物色、吸收优秀的儿郎加入自己的"义儿军团"。

说起五代十国割据一方的霸主们收养义子的风气，还真有不少门道。表面上看，这些将军也好，藩王也好，收养义子受到唐末权阉收养假子的影响，为了实现多子多福的愿望。可是这些人都是妻妾成群，亲生儿子还数不过来呢，哪里用得着义子来养老送终？归根结底还是利益的驱使。

权臣为什么喜欢收养有军功的成年人做义子？还不是因为一旦形成父子关系，就能够壮大自己的实力。再怎么说，父子关系总比君臣或者单纯的上下级要牢靠得多吧。

李克用麾下的将士们得知主帅有这个特殊爱好，纷纷投其所好，向李克用举荐良才或者干脆毛遂自荐，把自己送到"义儿军"当中。五代十国，纷繁复杂的政权、犬牙交错的势力岂是一个"乱"字可以形容？但是李克用的"义儿军"能够在众多势力中脱颖而出，其实力可想而知。

在李克用的众多义子当中，以"十三太保"最为卓著，而"十三太保"当中，又以李存孝最为彪悍。也许论谋略、论心机、论运数，李存孝都不是第一，但是单从武力值上来较量的话，没有任何人会质疑李存孝的绝对霸主地位。甚至不必局限在李克用的部队，把比较的范围扩大到整个五代十国，也没有哪个将官能够在李存孝的手底下讨得了便宜。当时流传的一句话叫"王不过霸王，武不过存孝"，就是对这个排名的最佳注解。

俗话说"木秀于林，风必摧之"，何况李克用的"义儿军"没有一个省油的灯。这些人彼此之间没有任何的血缘关系，都是靠身手敏捷或者军功卓著而被李克用破格提拔上来的。想让这群眼睛长在头顶上的军爷们亲如兄弟，基本上等于天方夜谭。

如果大家的能力都处在同一水平线，那么看在"义父"的面子上，和平共处的可能性还比较大。可一旦有一个出类拔萃的人物出现，众人会不自觉地临时结盟，将矛头指向那个高出同辈的人。李存孝的到来就像是一剂猛药，将义儿军内心深处的争强好胜之心调拨得七七八八。

军旅之中，战功是李存孝等勇武善战之人最好的保护伞，同时也是李存信等工于心计之人排除异己的最佳时机。公元882年，即唐僖宗中和二年，盐贩子出身的黄巢再次率军进驻长安，望着满城的菊花，兴奋地吟出"冲天香阵透长安，满城尽带黄金甲"这样霸气的诗句。一时间，义军的威望如日中天。避难到蜀川的僖宗不断地催促藩王李克用赶快出兵，助他夺回李氏天下。

李克用奉诏入关，临行之前，按照惯例要在军中挑选一位先锋将官。他的干儿子们都知道先锋将官是最容易出成绩的职位，故而角逐得十分激烈。经过两轮淘汰赛之后，参赛选手只剩下新来的李存孝和心机最深的李存信两个人。比赛结果爆出冷门，新来的李存孝将赛场当做了自己的表演专场，一人独占了所有的风光，风光的同时也在不少人义兄义弟心中埋下了妒忌的种子。

行伍这个圈子，从来就不是讲究尊老爱幼的地方，义兄义弟之间本来就不是亲骨肉，彼此之间的情义就更加淡薄。把他们聚拢到一起的无非是一个"名"字和一个"利"字，连习武之人挂在嘴边的"义气"都欠奉。出名了可以光耀门楣，得利了可以享受人生，而义气只会让自己在刀枪无眼的战场上死得更快一些。

李存孝是代州飞狐县人。他参军的过程比较特殊，并非自愿报名的。当时少年李存孝正牧羊的时候，遇上了李克用的大军过境。在没有任何思想准备的情况下，他就被大军裹挟着参了军，成为李克用万人大军中不起眼的一名小兵卒子。

千年之前，飞狐县的飞狐关是连接河北平原和北方草原的交通要塞，全民尚武，民风彪悍，割据北方的几个政权都喜欢打下飞狐县作为自己的据点。别看飞狐县没有襄阳、荆州那样出名，但也可以列为"兵家必争之地"了。就是这个飞狐县，孕育出了李存孝这朵勇冠三军的五代奇葩。

李存孝原名安敬思，出身于飞狐县的普通农家。他幼年丧父，自幼习武，后因街头斗殴的时候失手打死了人才逃出家乡，四处流浪。替人牧羊只是他流浪途中为了糊口的暂时选择。他从来没有想过自己会参军，并成为名震天下的"十三太保"。

工作太出色也有风险

　　而今李存孝真的参军了，还当上了征讨黄巢起义军的先锋官。他一路打来，势如破竹，连易守难攻的函谷关和潼关都收入囊中。黄巢知道潼关的战略位置十分重要，就派出大将葛从周前来收复。

　　葛从周是五代名将，以机智闻名于世。作战之前，葛从周与帐下将官分析局势，一致认为李存孝的杀伤力惊人，能在战场上连杀几员大将都面不改色心不跳，堪比三国甘兴霸，想要取胜的话，必须除掉他才行。可是李存孝的武力大家都有耳闻，自忖谁也不是他的对手。

　　葛从周很轻松地说出自己的计策："杀李存孝何用我们动手？帮他找一个罪名，相信李克用的义子们都会乐意出头的。"原来葛将军要玩挑拨离间、借刀杀人的把戏了。

　　李克用很重视葛从周这位对手，特意派出老成持重的李存璋来协助李存孝打头阵。两个义子按照李克用的吩咐，分别率领两个大营驻扎在葛从周大军的两侧。葛从周利用了李存璋和李存孝营帐分开的特点，嘱咐手下不管是白日挑战还是夜晚偷袭，都只选李存璋的部众下手。这样一来，李存璋自然会疑心李存孝是不是已经暗中与葛从周达成了什么协议。

　　葛从周还真是玩离间计的高手，没过几天，他又安排了一支"敢死队"，趁月黑风高的时候闯进李存璋的行营，不杀人只放火，还边跑边喊："不好了，李存孝反了。"最高明的是他竟然找了一个身高、体形和李存孝相似之人乱人耳目。黑暗之中李存璋看不清对方到底来了多少人，但是"李存孝反了"这句话可是记得一字不差。

李存孝远远看到李存璋的行营有骚动和火光，但他出于谨慎考虑，没有救援，怕中了对手的调虎离山计。李存璋因为被袭，当夜就跑到李克用的大帐告状去了，而李存孝也一夜未眠，天一亮就去李存璋的大营看看他有没有出事。李存孝没想到大帐之中等待自己的赫然是两排甲胄鲜明的刀斧手、满脸怒气的李存璋和表情复杂的李克用。

李克用喜欢李存孝少年英雄的气概没错，可是他说什么也容忍不了自己最得意的义子竟然会串通敌方背叛自己。常言道"事关心则乱"，碰到别人出现这种事，李克用也许还会好好想想是不是中了敌人的离间计什么的。可是事情出在目前连打胜仗的李存孝身上，李克用的震怒和惋惜都非比寻常。李克用认下这么多干儿子可不是为了让这些义子们来给自己添堵的，他要的是忠心卖命的将士，岂能容得下背叛自己的虎狼？

李存孝听到质疑的声音，只能大呼"冤枉"，说自己如果真的造反就不会大清早地赶过来自投罗网了。李存璋想想也是，但他不肯为李存孝辩解。他对李存孝晚上拒不救援耿耿于怀，对李存孝屡立战功也心有不甘。

此时，李存信趁机进言，说自己曾无意间听到李存孝咒骂父王，说李克用处事不公，他立下了那么大的功劳却还与我们这些庸才平起平坐之类的混账话。

其实李存信也不是李克用的亲生儿子，他与李存孝还有着一段极为相似的成长经历。李存信的家乡云州与李存孝的家乡代州相距不远，两个人的年龄也仅差一岁。当时谁也没有想到，若干年之后，这两个牧羊娃会因为命运的无常而成为义兄义弟，又因为利益不均成为同一阵营中不肯同心同德的仇人。

李存信原名张污落，是回鹘人的后代。他有一个做小商贩的父亲，从小在父亲的指点下，学到了不少市井之中投机钻营的本事。另外，他天生聪颖，有很高的语言天赋，居住在少数民族聚居的云州，竟然掌握了四种不同的语言，还能识别六种少数民族的文字。这个本领让张污落小小年纪就备受瞩目，云中的百姓都把他视为神童转世。

李克用的父亲李国昌听说自己的地盘上出现了一个神童之后，就命人把张污落接到军中，好近距离考察考察。考察的结果是张污落从放羊娃就地转正，成为云中政府财政开支的公务员并担任了李国昌的私人助理工作。他每天跟在李国昌身边与众多年老成精的官僚打交道，愈发工于心计。

等到李克用出任雁门节度使，代父出征剿灭黄巢的时候，张污落主动提出要协助李克用，成为少帅麾下的一员谋臣。沙陀部族的人大多勇气有余，智谋不足，张污落很快就突显了自己的重要性。他知道自己的命运与李克用的兴衰息息相关，也不总是一味地阿谀，讨好之余也会委婉地提出自己的建议，对李克用处理军务、上阵杀敌都很有帮助。因此，李克用对张污落越来越倚重，差点就以兄弟相称了。

别人都很羡慕张污落能有这份际遇，小小年纪就能得到父子两代藩王的赏识。可是这个张污落却觉得做李克用的异姓兄弟没有做干儿子稳妥，竟然毛遂自荐，要做李克用的干儿子。不说张污落日后有没有成就一番大事业，单是肯向与自己平辈论交的主子叩头，执意要对方当自己的老子，脸皮之厚、城府之深，少有人敌。

本来李克用对李存信的话是比较重视的，既然他也说李存孝的不是，那么将这个叛徒拖出去问斩就是。幸亏大将军周德威居中调停，说先把李存孝看押起来，随便找个死人悬挂出去，就说是杀了李存孝，看看葛从周什么反应再做决断。

果然，葛从周看到"假"李存孝的尸身，哈哈大笑。他让手底下嗓门大的亲兵喊话，笑话李克用有勇无谋，中了自己的反间计。如果没有周德威的阻拦，李存孝早就成了一缕英魂。李克用这才放李存孝出来，还让李存璋和李存信等人向他道歉。这件事就算揭了过去，可是此番猜疑却让李存孝心中埋下罅隙。关键时刻，义兄义父什么的都是浮云，每个人都只关心自己最切身的利益。

在鬼门关前走了一遭的李存孝懵懂地感觉到自己加入义儿军的那一刻起就被卷进一个复杂的圈子，这里面的人有共同的升官发财、光宗耀祖的目标，也有因为个人不同的需求而临时组合的小团体，至于决定圈子是否牢靠的力量只有"利益"这两个字。

没能借葛从周之手除掉李存孝，让李存信颇为恼怒。他更加后悔自己当初将李存孝推荐给义父做亲兵，给了这个小子一个飞黄腾达的机会。

义子们也会争风吃醋

　　原来，当年刚刚认了李克用做义父的李存信为了表现自己，来到新招募的步卒中挑选那些资质过人的士兵补充到李克用的亲兵队伍中。被迫参军的安敬思（李存孝）就在这拨等待选拔的新兵之中。他骑得快马、开得硬弓、徒手格斗的本领更是无人能敌，这样的军事素质自然上了备选亲军的花名册，安敬思也因为出色的表现赢得了李存信的好感。

　　李存信不知道，自己这一次为义父筛选亲兵，也为自己物色了一个潜在的对手。安敬思也不知道，眼前这个笑眯眯的长官在短期之内成全了自己光宗耀祖的梦想，最后却给自己布了一个五马分尸的悲惨结局。两个人就以这样一种方式碰面，同在李克用的麾下效力。

　　一日，李克用要带着一百亲兵去山中围猎，安敬思作为亲兵随行。李克用进山之后先射落几只山鸡当做热身。兴致高了，不觉就纵马来到了山林深处去找寻猎杀难度高一点的野兽了。

　　一入深山，他就忘了深山不但出俊鸟，也出猛兽的古训。他刚刚甩开部众，就遇到一只斑斓猛虎。李克用大惊，这时候一支羽箭自他身后破空而来，原来是及时赶到的安敬思将猛虎穿了个透心凉。也不知道是李克用的霉运太重还是安敬思走大运了，两个人还没来得及交流，又听到一阵惊天动地的虎啸之声。安敬思有心表现自己，也没有俯身去捡丢在地上的弓箭，赤手空拳就与老虎展开了搏杀。在安敬思的拳脚之下，第二只老虎也变得威风扫地，只能出气没有进气的份儿。可怜的"山林之王"就这样成为安敬思晋身上位的道具。

极短的时间内两次遇袭，让李克用的脑袋差点短路。他忽然想到与其重赏眼前之人还不如将他收为义子，有了这等徒手伏虎的人才，自己的大军何愁战而不胜？

李克用想到此点，就问安敬思的"父母可安好"，安敬思回答："父母早已双亡。"

他还以为大帅会劝慰自己"节哀顺变"，没想到李克用听到安敬思父母双亡的消息竟然是一副喜出望外的神色，直接提出要收他为义子。

"意外收获啊！"本来安敬思只是希望能够得到李克用的另眼相看，给自己安排一个小小的官职，没想到可以用两头猛虎的性命换来李克用义子的名分。他马上磕头，大声说道："父帅在上，请受孩儿一拜。"

当李存信听到第一声虎啸就带着兵士赶到事发地点的时候，看到的就是安敬思低头跪拜口称"父帅"这一幕，李克用大赞安敬思英勇的同时，也隐隐表达了对李存信等人护驾不周的不满。李存信很敏感，他知道自己又多了一个竞争对手，心里直后悔自己当初把安敬思选作亲兵的决定。

李克用的义子众多，彼此之间当然少不了"争风吃醋"的事情。虽然不至于像后宫的妃子一般争相邀宠，但每个人都急于表现自己的心情应该是一样的。尤其是李存信这种谋略型的人才，心思细腻，感受到的压力比一般人更重一些。

光阴在大大小小的争斗中一天天过去。李存孝战功赫赫，在军中的地位愈加稳固。李存信没奈何，眼看着比自己晚几年加入义儿军的李存孝步步高升，炙手可热，心中愈加不满。

公元884年，李存孝再次作为先锋官出战，围剿转战河南的黄巢残部。李存孝急追了几天也没能生擒黄巢，但能将善战的黄巢逼到只带了几十个人突围而出的份上，这份盖世军功足以令人眼红心热。僖宗回朝，论功行赏，李克用当仁不让地成为各藩镇的老大。他得到了不太值钱的宰相虚名，又有了河东节度使的实权，风头之盛，无人可及。

李存孝等义子也随着李克用的荣升水涨船高，成为朝廷亲封的正牌将军。义儿军的大门始终向身怀绝技的年轻士兵们敞开。不过不管义儿军的队伍壮大到多少人，不会韬光养晦的李存孝始终是"老人们"的心结和"新人们"的榜样。

公元890年，李克用和朱温撕破脸开战了，他们争夺的第一个地盘是河东潞州（今山西省长治市）。潞州本为李克用的封地，节度使是李克用的亲弟弟李克恭。一个叫冯霸的军官发动兵变杀死了李克恭，抢到了潞州的大权。可是他害怕李克用的报复，就迅速为自己找了朱温这座大靠山。

秦末之时，刘邦和项羽曾经约定谁先入关中谁就称王。李克用估计是听过这段历史，他让李存孝和康君立兵分两路攻取潞州，谁先攻下，就把潞州节度使的位子给谁。

节度使掌管一州军政，可是地地道道的实权高官，谁不眼红？尤其是唐朝末年，手握重兵的节度使林立，形成了大大小小的割据势力，运气好的话，是可以称王称帝的。五代十国的开国皇帝们大都是节度使出身。

李存孝喜欢挑战自我，柿子总捡硬的捏，一路上啃下不少硬骨头。眼看都要打进潞州了，康君立这才慢慢悠悠地跟了过来。见过欺负人的，没见过这么不顾廉耻光天化日就来"摘桃子"的。大家都以为康君立来也是白来一趟，李存孝的功劳谁不看在眼里？可惜的是，大家都不是李克用，不能代替李克用将潞州节度使的职位授予李存孝。

康君立和李存信交好，他们平时没事就在李克用身边曲意逢迎，很得李克用的欢心。两个人不直接说要抢李存孝的功劳，而是换个角度，说："李存孝兄弟从军以来战无不胜攻无不取，俺们都很佩服。可是攻城略地他在行，守城、治理未必行。万一让他做了潞州节度使，却辜负了您的信任，治理得一团糟，岂不是把以前的功劳都抹杀了？"

李克用听了觉得是这个道理，出于维护李存孝威名的考虑，竟然答应让康君立接管潞州城，做这里的节度使。而李存孝冲锋陷阵好不辛苦，到头来却是"为人作嫁衣"，他的心里能平衡才是怪事。

战场上的拼命三郎李存孝竟然绝食了，他不吵不闹，却选择了这样一种决绝的方式来表达自己的内心愤懑。李克用听说之后，百般劝慰，承诺以后再打下一州，一定把节度使的位子给李存孝留着。李存孝看起来听从了李克用的劝告，重新振作起来了，但他心里对李存信、康君立之流的厌恶丝毫未减。

坑爹没有好下场

　　"机会总是留给有准备的人"，得到李克用的承诺之后，李存孝在接下来的作战中更加勇猛，很快他又打下一州，才算如愿以偿，做了邢州节度使。距离邢州不远的镇州王镕是独立于朱温、李克用之外的比较有实力的军阀之一。他见李克用刚刚攻下邢州，立足未稳，就带着十万大军来攻占邢州南部一个叫尧山的地方。

　　李克用让李存信增援李存孝，可是李存信觉得邢州是李存孝的地盘，就出工不出力，故意拖延。李存孝得知李存信故意不肯卖力气之后，一赌气，也按兵不动。他心中有数，王镕的军队不足惧，等到义父发现李存信的阴谋之后再发兵收复尧山也不迟。

　　两个人在战场之外斗心眼，等待捷报的李克用可着急了。他还以为王镕不好收拾呢，又派了李嗣源和李存审两位义子出来相助。这两个实诚人速战速决，仅用了几天时间就大破敌军，斩首三万。

　　这下可水落石出了，原来不是王镕实力太强，而是李存孝和李存信都为了一己私利，有意拖延。李克用将二人招来，询问原因。李存信巧舌如簧，将过错撇得干干净净，自己完全就是不知情的样子。而李存孝则气得吹胡子瞪眼，差点当着李克用的面暴打李存信一顿。一个委屈、一个暴怒，李克用就逮住不听话的李存孝，"赏了"二十军棍。这一次，李存孝不光恨李存信狡诈，连带着对李克用也生出不满。

李克用的对手们听到李存孝被打的消息都格外激动。他们觉得拉拢李存孝这员虎将的机会终于来了。行动最快的是李存孝的老对手王镕，他的使者秘密见到了李存孝，将王镕的拉拢之心表达了一遍。李存孝知道对方是在挑拨他和李克用的关系，置之不理，但也没有向李克用汇报。

可是对方接着又说到了李存信屡次坏他的好事，但李克用却偏袒存信之事，让李存孝的心思有点活动。一连几日，那个口才极佳的使者只要有时间就为李存孝"洗脑"，帮他把反对李克用的心绪点燃到了临界点。

李克用很快得知李存孝与王镕的手下搭上线的事情，就出兵围住了李存孝辖下的邢州城，不断向李存孝施加压力。李存孝也是极其矛盾，既念及与李克用的父子之情，也忘不了李存信的多次陷害，总是躲在城里不肯出来。最后是"干妈"刘夫人出面，李存孝才负荆请罪出城，祈求得到李克用的谅解。

最悲摧的戏份来了。李克用看到李存孝诚信改过，也不想过分责难他，但是又怕不处罚李存孝会让别人以为自己治军不严，就装出要处死李存孝的样子。他的如意算盘是刚把李存孝拉到刑场上，其他义儿就跪地求情，而自己就坡下驴，做个顺水人情将人放了。

可惜这只是李克用一厢情愿的想法，当他说要处死李存孝的时候，竟没有一个人敢为他求情。原来李克用平时太威严了，谁也摸不准他的真正意思，以至于谁都不敢求情，害怕自己也会步李存孝的后尘。

等到李克用反应过来"面子事小，生死事大"的时候，听话的行刑官已经发令，让五匹骏马向不同的方向狂奔，战场之上所向披靡的李存孝瞬间被肢解了。李克用后悔万分，一连十天都躲在内堂，不肯接见任何将领。他后悔自己因为好面子而损失了一员虎将，也恼恨其他义儿们不肯求情，分明是"坑爹"嘛。

他尤其痛恨总在自己耳边搬弄是非的李存信和康君立。没过多久，他就找了个理由将康君立也杀了。李存信也因此失去了李克用的信任，最后郁郁而终，终其一生也没能赶上李存孝的脚步。还真是应了"机关算尽太聪明，反误了卿卿性命"。

十八岁从军，三十一岁死在军营，李存孝十三年的时间经历了大小百余战，未尝一败。存孝何罪，最终落得五马分尸的凄惨结局？归根结底还是"利益"惹的祸。他的能力太强，军功太高，光芒太盛，把别人的优点都遮掩住了，肯定会引起义兄义弟们的"红眼"。尤其是李存信与李存孝之间的明争暗斗，一刻都没有消停，直到眼看着李存孝被处以车裂的极刑才算结束。

第二节 靠谱的将军，不靠谱的皇帝

生子当如"李亚子"

从事传统行业的中国人有个独特的习惯，那就是喜欢"供奉祖师爷"。不管是读书人、习武之人还是木匠、厨子，都有自己行业的开山祖师。别看梨园行在旧社会属于下九流的行业，但他们供奉的祖师爷身份却十分高贵，赫然是两位穿龙袍的帝王，其中一位是爱美人也爱江山的唐明皇，大家都比较熟悉；还有一位是五代后唐的开国皇帝——李存勖。

李存勖是李克用的亲生儿子，与李存孝、李存信、李嗣源、李存审等众多义兄一同在战场上厮杀，有着戎马倥偬的辉煌时刻。李克用死后，他承袭了父亲"晋王"的名号，还完成了父亲未了的心愿——打败朱温，推翻后梁，建立霸业。从这一点上说，李存勖不愧是李克用的骄傲。但是李存勖的皇帝宝座并不稳固，仅仅四年之后就出现了民不聊生、四处兵乱的局面，刚刚四十一岁的李存勖非常不甘心地死在自己曾经宠信过的伶人之手。

中国的历史久远，改朝换代的戏码不断地上演，帝王家事很多时候像因果循环一样，总会出现极为相似的一面。与李克用父子最为相似的古人当属曹操和曹丕父子。两家都是做父亲的在末世起兵，以"勤王护驾"的名义征讨天下，但碍于面子没有称帝，而后儿子完成了父亲未了的心愿，称帝登基之后，给死去的老爸追封了皇帝的名号。曹操被儿子追封为"魏武宗"，李克用也被儿子追封为"唐武宗"，连庙号都是一样的。但是李家的江山没有曹氏的牢固，仅仅十三年之后就"风水轮流转"，转到别人家了。

千年之后，中国之南的印度，有一位叫泰戈尔的大胡子诗人写出了"生如夏花之绚烂，死如秋叶之静美"的美妙诗句。有人认为，用这首诗的前半句来形容李存勖再合适不过，但是后半句需要略略改动两个字，不是"静美"而是"凄凉"。

还是先看看李存勖如夏花一般绚烂的前半生吧。这事还得从李存勖的老爸与老对头朱温之间的恩怨说起。

当年被唐昭宗赐名"全忠"的朱温冒天下之大不韪而废唐自立之后，同时代的其他"带头大哥"们很是不忿。像太原李克用、西北李茂贞、蜀中王建、幽州刘守光、扬州杨行密等人就觉得自己与朱温周旋了这么多年，最起码也是平辈啊。朱温真不地道，他一称帝，将我们置于何处？

跟着他一起胡闹，手底下的军爷们倒是高兴，可坐江山是那么容易的事情吗？如果容易，唐朝的最后几任皇帝还不是被咱们这些人逼得狼狈不堪，被几个宦官、权臣玩弄于股掌之间？可是自己不称帝的话，名义上应该向谁靠拢呢？大家的斤两都在那儿摆着，每个人心里多少都有一份计较。像那个王建表面上闹得很欢，号召大家一起讨伐唐朝的逆贼朱温，私底下却写信给李克用等人，说："既然朱全忠都敢自立国号，我们也都割据一方称帝得了。"

李克用接到信之后，未尝没有自立为帝的打算，但是眼下朱温正是众矢之的，应该是攻打他的最佳时机，岂能因为虚名而耽误了大事？李克用就很正经地回复给王建一封公开信，说："我等深受唐室厚恩，当以光复唐室为己任，岂能做出称帝的不义之举？"这封公开信经天下人之口传扬出来，李克用俨然成为讨伐朱温的正面代表。

其实即使李克用不表态，朱温也要找上他的。在朱温看来，其余竖子不足惧，李克用才是自己最可怕的敌人。当时两个人的力量对比很明显，朱强李弱，但是自打李克用有了冠冕堂皇的复兴唐室的旗号之后，很多散户纷纷依附，力量壮大的速度很快。双方交错的地盘中，一个叫潞州的地方具有极为重要的战略地位。这里曾经数次易主，谁都没有真正掌控。朱温象征性地任命了一位潞州节度使叫丁会。谁知道这个丁会大人的内心还是以唐朝旧臣自居的，看到李克用旗帜鲜明地复兴唐室，丁会就毫不犹豫地率领潞州的兵民投降李克用了。

于是，围绕潞州城的归属问题，李克用和朱温之间僵持了很久。正当战局逐渐明朗的时候，李克用因为背上的疮毒发作，一命呜呼了。关注这场持久战的人都认定战争的天平肯定要偏向朱温这一边了。少了一个旗鼓相当的对手，朱温这个老匹夫的运数还真是叫人眼红。

别着急，李克用虽死，可他不是还有儿子吗？李存勖子承父业，没有陷在"守孝"的旧俗中无所作为，而是力排众议，决定在守丧期间出奇兵，攻打围守在潞州外围的后梁军队，以解潞州之围。李存勖是个喜欢冒险的人，他骨子里的英雄情结和表演欲望都相当强烈，于是出现了年轻的晋王亲自率领一支轻骑兵埋伏到了距离潞州不足十里的三垂冈静候敌军。

当时李克用留下的班底都被李存勖带来了，在周德威、李存审、李嗣昭、李嗣源等人的共同出击下，梁军大败，一场战役就斩首万余，长达一年的潞州之围解决了，李存勖得胜而归。

在汴梁等好消息的朱温听到了子侄辈的李存勖竟然比其父还要强硬的消息，大惊："生子当如李亚子，至如吾儿，豚犬耳！"

后世毛泽东看到这段历史，对李存勖当年的果敢也是大为赏识，不仅在《五代史·后唐庄宗传》的天头部分重重写下了"生子当如李亚子"这句话，还手书了清人严遂成的七律《三垂冈》，表示自己对这位马上皇帝的敬佩：

英雄立马起沙陀，奈此朱梁跋扈何。

只手难扶唐社稷，连城犹拥晋山河。

风云帐下奇儿在，鼓角灯前老泪多。

萧瑟三垂冈下路，至今人唱《百年歌》。

"李亚子"就是李存勖，说起来这个名字还是当年的唐昭宗李晔钦赐的名字呢。当年李克用因为剿匪有功，带着儿子李存勖参加了昭宗的庆功宴。唐昭宗看见只有十一岁的李存勖之后大为赞赏，说"此子可亚其父"，遂赐名李亚子。

赐名之后，还拿出许多轻易不肯示人的金玉珠宝供李存勖来挑选。这份笼络表面上是出于对李存勖这个孩子的喜欢，实际上还是因为他背后手握重兵的亲爹。末代皇帝的运气不好不代表他们的智商也不行，就像昭宗肯定不会无聊到看见一个朝臣的孩子就厚着脸皮乱起名字，也不会随便拿出皇宫的宝贝当砖头瓦块一样地赏赐出去。

亲叔叔干哥哥都可以牺牲掉

如果说李克用死后，李存勖只有奇袭朱温、大败后梁这么一出精彩好戏，还称不上"生如夏花般绚烂"，他亲自导演的一出 "斩兄杀叔"的大戏就可圈可点了。三垂冈的英姿离不开众多义兄的支持，在接下来的这出大戏中，义兄也是主角之一，只不过从正面的男二号、三号变成了大反派当中的男一号。

本来李克用死后，将晋王的位子传给长子李存勖，是天经地义的事情。世袭王爵这种美事向来都是亲生儿子的特权，干儿子就是妒忌到死也是白搭。李克用也没想到，自己将亲子和义子"同槽喂养"的方法竟然滋长了其中一个便宜儿子李存颢的野心。李存颢心想，平时父王在世时，自己的待遇与李存勖是一模一样的，凭什么这晋王的位子只有他一人坐得？

也是这李存颢脑子不灵光，干儿子和亲儿子的待遇平时可以一样，那是出于作秀的需要。到了关键时刻，当然是血浓于水的亲儿子更可靠一些。李存颢追随李克用多年，南征北战的也曾立下不少战功。正是因为有了这个资本在前，所以他才会产生不臣之心。

李克用在世的时候广收义子，从千军万马之中挑选的都是武艺超群、脑子也好使的人。说李存颢不灵光不是说他缺谋少智，而是说他看不透李克用收养义子的真正用意。他也不想想，李克用亲生儿子都好几个，难道缺少为自己养老送终之人吗？人家收义子、组建义儿军的目的只有一个，那就是强大他们李家的实力，以等同于亲生儿子的待遇对待这些年轻的将领们只不过是想让他们更加忠心辅佐自己成就千秋霸业。

李存颢的城府还真是不够，他心里不服，可别把不服两个字挂在脸上啊。这位仁兄竟然在李存勖的继位大典上就称病缺席，司马昭之心，谁人不知？对政治稍微关心的人都知道，李存颢这次要整出点幺蛾子了。不过对于亲子继位这件事，其他人心中未必就平衡，但是没有李存颢表现得那么明显罢了。正好事不关己，可以静观其变，看看李存勖如何处置与他同辈论交的义兄义弟们。

"日久见人心"固然不错，突发性事件应该更能看出一个人的胸襟、气魄和胆识。不是说"有人的地方就有江湖"吗？军中虽然不是真正的草莽江湖，但是其中拉帮结派、结党营私的事情与外边的江湖并无分别。

李存颢在称病缺席典礼的当晚就开始行动了。他先摸上了李存璋的府门，打算从威望高过自己的义兄身上入手。他相信，如果能打开李存璋这个缺口的话，剩下的事情就好办了。

李存璋又是何许人也？他十六岁从军，结识了刚刚二十岁的云中守捉使李克用。李克用当年号称"飞虎子"，骑马射箭样样精通，能入得了他眼的年轻人们肯定武艺非凡。李存璋就是因为作战时表现勇猛，才被李克用另眼相看的，进而惺惺相惜，称兄道弟。两人年龄相当，共同语言就多一些。后来李克用当了晋王，组建了义儿军之后，就把李存璋调过来，做了义儿军团的第一任指挥使。李存璋不好推脱，莫名其妙地就成为比自己年长仅仅四岁的李克用"大哥"的义子。

李存颢可能是想到李存璋曾经与义父有过兄弟相称的黄金岁月，此刻肯定像自己一样对一个乳臭未干的小儿登基不满。毕竟李存璋勇冠三军的时候，李存勖还在娘胎呢。如今让他向比自己儿子还小的李存勖俯首称臣，心中必定怨念丛生。可是李存颢忘了，李存璋与李克用的亲弟弟李克宁、监军张承业都是李克用临终之前叫到内室的辅政大臣，托孤的对象。如果李存璋能够轻易被李存颢说动，那李克用的识人眼光也太差劲了吧？

　　李存颢当着李存璋的面大发牢骚，表示对年轻的继位者李存勖不满的时候，李存璋果然斥责了他。李存颢见李存璋不为所动，只好找个借口溜了出来。就此打道回府，他又有些不甘心，于是，李存颢又去拜访与自己私交不错的王叔李克宁。

　　李克宁是李克用的幼弟，虽然辈分高，但实际年龄比很多"存"字辈的干侄子还小得多。在李克用活着的时候，李克宁说话办事都还牢靠，才会被大哥视为托孤重臣。但是这个人最大的软肋是他的老婆孟氏。孟氏的彪悍、李克宁的惧内早就是李家人心照不宣的秘密。

　　李存颢上门游说李克宁的时候，他那个厉害的妻子就藏在屏风后面。当孟氏听见老公不听李存颢的劝告，以亲弟弟的身份来继承大统的时候，顾不得"妇人不得干政"的古训，直接跳了出来，指着老公的鼻子就是一通臭骂。最后，孟氏和李存颢联合说服了李克宁，三人开始密谋如何把李存勖赶下台，然后再扶李克宁登位。

　　"三人成虎"，此话不假。一个人没有胆量去做的事一旦有了其他人的支持，"鼠胆"也变成了"虎胆"，头脑一热就能做出令自己后悔好几辈子的错事，李克宁就属于这种情况。原本他能凭借晋王李克用亲弟弟、庄宗李存勖亲叔叔的身份，享受一生的富贵荣华，可是因为自己内心的欲望被李存颢这个小人以及自己的悍妻所点燃，一失足就成了千古恨。另一个实诚人李存质因为不肯加入到李克宁他们这个三人小组，被三个人找借口杀死了。

　　李存勖既然能从李克用的众多亲儿子中脱颖而出，当然也不是省油的灯。他在李克宁身边就安排了"无间道"，在最短的时间内得知了叔叔和义兄联手为自己谋划的"未来"。要不是早就留着一手，什么时候身首异处都未可知。李存勖出了一身冷汗，然后下了处决叔叔李克宁的决心。

至于李存颢，本来与自己就没有血缘关系，所以他是死是活与自己关系不大。在李存勖看来，父亲认了那么多的干儿子，都是为自己的江山服务的棋子。那些看起来牛气哄哄的义兄们其实就是古代的"死士"。既然是"死士"，就要有做"死士"的觉悟，不能整天想着谋朝篡位等不切实际的想法。

李存颢倒是大义凛然，他知道自己即使求饶也是死罪一条，倒不如硬气一些，临死之前也过一回做英雄的瘾。想到这里，李存颢"视死如归"地对李存勖说："如今说什么都晚了，你干脆一刀了结了我们吧。可是假如我们谋划的大事能够成功的话，今天我们两个人的位置就该换一换了。"李存颢半是威胁的遗言让李存勖后怕不已，万一某一个环节自己没有做好，就有可能性命、地位不保。

看来不管是什么时候、什么身份，因为利益而聚集到一起的人最终还是会因为利益的分配不均而分开。放到王侯之家就更不得了，管你是亲叔叔还是干哥哥，一旦侵害到我个人的利益，统统可以牺牲。

不靠谱的武夫皇帝

有人用"先智后昏"来形容李存勖，意思是说这小子称帝前后的反差实在是太大了，他前后期的所作所为根本就不像是同一个人。看多了穿越剧的现代人甚至可能想到李存勖做了皇帝之后，是否被一个混蛋从后世穿越过来附体了。因为他后期的表现实在是太令人失望了，与前期的英雄形象相差何止十万八千里。

李存勖当了皇帝之后，喜欢被人奉承，尤其喜欢拿出身这种无法选择的事情做文章。他称帝之后，将国号定为"唐"，就有拨乱反正的意思，他要证明自己是李唐余脉，比后梁朱温的血统要高贵得多。有人为了讨好他，竟然编造说李存勖的母亲曹氏怀孕的时候梦见有一位穿黑衣、执羽扇的神仙撞入怀中才有了身孕。既然做皇帝的庄宗是神仙的儿子，那么皇后的出身也不能太差劲。

小门小户出身的刘皇后为了掩饰自己是太妃婢女的身份，做出了比老公还要荒唐的事情。她不仅把前来认亲的亲生父亲打出宫门，还非要认当朝最富有的官僚张全义做干爹。刘氏贪财，她认干爹一方面是觉得有个"名爹"脸上有光，另一方面也能以女儿的身份多讨点金银不是？有这样一个极品皇后做"贤内助"，李存勖能江山永固才是怪事。

俗话说"上行下效"，皇上两口子都好这一口，给祖宗脸上贴金到了厚颜无耻的程度，底下的大臣们自然争相效仿。就拿后唐第一将军郭崇韬来说，此人文武双全，打江山的过程中立下了汗马功劳。可他的祖宗不给力，不是名门望族，他为此很是苦恼。有人为了巴结他，故意问他与大唐中兴名将郭子仪有何渊源。有了这样的启发，郭崇韬一拍脑袋，就变成了郭子仪第四代孙。

庄宗选拔宰相的标准也极为荒唐，一不看文治，二不看武功，最关注的是出身如何。于是一些眼高手低的唐代贵族后裔如卢程、韦说等"官N代"就成了后唐的宰相。说这些人是"官N代"还算客气了，因为时间过于久远，他们自己也闹不清自己到底是哪个名人祖辈的嫡亲子孙。至于治国平天下的本事，更是欠奉。

李存勖做了皇帝之后宠信伶人，做了不少脑残的事情。这一点其实早在他十三岁时就表现出来了，但没有引起他父亲的重视罢了。话说李存勖经常跟着做晋王的父亲参加一些宴席，宴席之上往往少不了伶人们歌舞助兴。天天参加军事训练的少年李存勖不知道哪一天突然"开了窍"，对唱歌跳舞产生了兴趣。沙陀部落本来就是少数民族，能歌善舞是他们的强项。李克用喜欢看歌舞，李存勖母亲曹氏更是精通此道，当得上色艺双绝的美名，做儿子的继承了一点艺术细胞也就顺理成章了。

一天，李存勖又陪着父亲看歌舞，看完之后，他悄悄找到后台，请戏子们教他几支曲子、几段舞步。戏子们一看虚心求教的是晋王世子，一个个都受宠若惊，使尽了浑身解数来讨好李存勖。

　　要知道，中国古代，伶人的地位是很低贱的，入了乐籍的人永世不得参加科举，也不能更换职业，子孙世世代代都要以声色娱人。眼见一位小王爷如此热切地学习这些技艺，怎能不用心指导，万一将来能沾光摆脱自己贫贱的身份也未可知呢。

　　一来二去，李存勖还真就练出一身战场之外的功夫，唱念做打是样样精通。更为难得的是他还能填词，谱曲，活脱脱一位当世才子。大家耳熟能详的词牌《如梦令》就出自李存勖之手。李存勖曾经写过一首《忆仙姿》，其中有一句是"如梦，如梦，残月落花烟重"，据说是苏东坡觉得"忆仙姿"这个名字过于俗气，就将此词牌改为"如梦令"了。

　　当年的李克用并不看好儿子的文艺天赋，得知李存勖有这样的"特长"觉得很没面子。他赶走了伶人，还为李存勖请来了讲解《春秋》大义的老夫子。古文课哪有音乐课有意思，李存勖就敷衍了事，勉强读了一点圣贤之书。但是碍于父亲的淫威，只能把自己做表演艺术家的梦想深埋了起来。后来的事实也证明了李存勖确实伪装了许久，当了后唐庄宗之后，马上就恢复了本来的面貌。

　　他不但叫伶人在皇宫为他唱戏，兴之所至还换上戏装，梳妆打扮后与伶人们同台演出。作为一名皇帝喜欢唱戏也不算什么十恶不赦的大事，可是李存勖做得比较过火的是将只会唱戏取悦自己的几个伶人都赐予高官，让他们去做自己的情报局长和封疆大吏。如此小材大用，可是寒了不少在战场上陪他出生入死的将士的心。

　　为了表示对艺术的尊重，李存勖还给自己取了一个艺名叫"李天下"。一次，他在台上表演，兴致高了，大呼两声"李天下"，结果被一个叫敬新磨的伶人上来给了两巴掌。李存勖很不高兴，问敬新磨为什么打他。对方振振有词，说："治理天下的只有一个人就是皇上您，可是您竟然大呼两声，难道是想有人出来和您争天下吗？"听到这个解释，庄宗不但不怪罪敬新磨，还给了许多赏赐。这种处理结果也不知道李存勖到底是宽厚还是荒唐。

生得伟大，死得窝囊

李存勖之死颇有讽刺意味，他竟然死在一个叫郭从谦的伶人之手。

公元926年，天下大乱，李存勖的地盘上烽烟四起。在洛阳皇宫荒唐了好几年的庄宗非要御驾亲征铲平叛乱，结果还没出宫门，就被郭从谦带领的卫队围困在了兴教门。

说起来，也怪李存勖非要冒天下之大不韪，将原本下九流的"戏子"拔高到比当代的歌星还要大牌的地位。这些"艺术家们"在后唐成为人上人，除了是皇上身边的红人随意出入朝堂之上外，还能干涉军政大权，甚至能替前线打仗的将士们安抚他们的妻女。有这样一帮人围着李存勖，他不被牵累才是没有天理。

既然庄宗如此厚待艺术家，那郭从谦为什么还会背叛庄宗呢？究其原因很有宿命的味道。原来郭从谦伶人出身，身份低微，所以他将大将郭崇韬视为自己的本家叔父，对郭大将军极为顺从，想攀住这个高枝。谁知道郭崇韬因为得罪了庄宗身边的伶人，竟然被杀死在了蜀中。为叔父报仇成为郭从谦刺杀庄宗的第一个理由。另外，这个郭从谦还挺有本事，竟然认了李存勖的义兄睦王李存义做自己的义父。不巧的是，李存义也死在庄宗手上，于是时任李存勖宫内亲兵指挥使的郭从谦就有了造反的双重理由。

郭崇韬和李存义死于庄宗之手，庄宗死于身兼郭崇韬侄子、李存义义子和自己宠信的伶人三种身份的郭从谦之手，不是宿命又是什么？

混战之中，庄宗被流矢射中面门，失血过多，连呼口渴。有人跑去找刘皇后，让他给皇上找点止血的药，这个败家媳妇正忙着收拾细软准备跑路呢，哪有工夫找止血药。她随手端起一碗乳浆给了下人，让他拿给庄宗喝。结果，一碗乳浆成为庄宗的催命符，没喝完就去地下见列祖列宗了。这种说法是否有科学依据已不可考，但庄宗喝了乳浆之后致死毋庸置疑，刘皇后也在无意间成为间接杀死丈夫的帮凶。

守护在身边的几个伶人怕主人的尸首被叛军侮辱，就捡了一些丢弃的乐器放在庄宗身边，一把火给烧了。伶人也是好心，体谅庄宗喜欢音乐，那就让几把琴箫陪着他一起化成飞灰吧。

被亲兵射了一箭，被媳妇赐了一碗催命乳浆，被伶人一把火烧得尸骨无存，这就是后唐庄宗李存勖的死亡。秋叶凄凉，庄宗的死应该比秋叶还要凄凉。纵观整个封建王朝，恐怕也找不出比李存勖死得更冤枉的皇帝了。

第三节 皇帝的龙椅轮流坐

被夺权的义兄

　　残唐五代，政权之纷繁复杂，各方势力之犬牙交错，当时的情况或许只有民国时期的军阀混战可比。也因为乱世，尚武的风气比太平时代不知道浓郁了多少倍。名将、枭雄辈出是乱世的特色不假，皇权更迭之频繁也让其他朝代都望尘莫及。从907年朱温反唐自立为后梁太祖，到960年北宋建立，短短53年的时间里，中原大地上竟然连续改换了五代门庭，出现了八姓十四君的"奇景"。

　　李存勖是排在朱温之后登上帝位的。他灭了后梁，以大唐宗室血脉自居，将沙陀人打下来的江山称为"唐"。庄宗"打"天下有一套，可是"坐"天下就显得力不从心了。他只顾着随心所欲纵情享乐，却忘了作为一国之君还要履行治国安邦的责任。话又说回来，就算庄宗有心治国，他也没有那份能力不是。

　　李存勖本来没有鸟尽弓藏的意思，可是耐不住身边的宦官、伶人、妃子们谗言不断，只好把曾经功劳大、威望高的义兄义弟、顾命大臣都夺了兵权。结果，李存勖在位仅仅四年，就出现了天下大乱，民不聊生的局面。以前好不容易镇压下去的势力相继冒头，为短命的后唐敲响了丧钟。

　　李嗣源也是被夺权的义兄之一。他比李存勖年长20岁，最早是李国昌的亲兵。他是代北人，出生于武将世家，原名邈吉烈。因为他的父亲忠勇过人，李国昌才将当时年仅13岁的邈吉烈收为亲兵。等到李克用出兵讨伐黄巢的时候，他与李存信等人一起归到了李克用麾下。

　　邈吉烈体格精壮、擅长骑射，对李克用的助力很大。尤其是中和四年（884年），李克用被朱温算计了一把，是邈吉烈和史敬思拼死将李克用救出险境。史敬思命运不济，在护主的过程中被乱箭射死，命大的邈吉烈则带着李克用安全回到河东。

　　脱险之后，李克用就将邈吉烈收为义子，赐名李嗣源。李嗣源为人比较低调，不像寻常武将一样脾气暴躁，好大喜功。他对手底下的兵卒们都很谦和，不喜欢居功自傲，总是尽可能地把功劳分给下边的人。另外他还不喜欢财帛，据说他的节俭忠厚让李克用大为赞赏，有时候就逼着他去自己的金库任意挑选。可是李嗣源只进去一会，手拿几串铜钱就出来了。

　　这么好的发财机会都不知道珍惜，很多兄弟都替李嗣源惋惜。他们却不知道，李嗣源此举为名不为利，要不然日后怎能在众将的簇拥之下登上了皇帝的宝座。也许当时的李嗣源还没有这样"窃国"的野心，但是为人厚道、讲义气的品格让他在无形中聚集了很高的人气。

李克用身死，李存勖继位的时候，不是有一个叫李存颢的义兄出来搅局，撺掇大家谋反吗？虽然李存颢和李克宁的意图没有得逞，但是却让李存勖对父亲生前认下的诸多义子们平添了许多怀疑。他曾经拉着李嗣源的手，让他站队，表明对自己的忠心。李嗣源二话不说，马上起誓他对李存勖和李克用一样别无二心，坚决拥护李氏父子的统治，反对一切企图分裂的狼子野心。听完这话，李存勖眉开眼笑，直夸李嗣源是真正的"好兄长"。

李存勖这个皇帝当得很不称职，反声四起的时候，他才不得不起用以前掌兵的义兄们出来为自己收拾烂摊子。李嗣源就是在这种情况下重新披上战袍，奔走沙场的。李嗣源到底是一代名将，出师之后连战连捷，成为后唐第一大功臣。李存勖甚至给他发放了传说中的"丹书铁券"，那可是相当于免死金牌这样的护身符。事实上，没有一块"丹书铁券"能起到免死的作用，更多时候，它们会成为一种催命符，提示上级拥有"铁券"的人有可能会"功高震主"。千万不能小看这四个字，千百年来多少名臣、名将都死在这四个字的手里。

李嗣源就是一例。他觉得自己确实劳苦功高，竟然把庄宗"同为兄弟，共享江山"的甜言蜜语当了真，还真就不客气地"笑纳"了。一次李嗣源路过庄宗的府库，看见里面有不少盔甲，就以为是庄宗奖赏给自己的。因为之前庄宗承诺过要赏他五百副盔甲来着，他就没等圣旨下来，主动拿走了。李存勖听说之后，大大地生气。他大骂这个义兄也太不拿自己当外人了，我说给你东西是我的事，可我还没给你自己就来拿算怎么回事？他甚至想让手下去幽州找李嗣源，将盔甲追回来。还好身边的人死死拦了下来，如若不然，一个皇帝向一个臣子追讨失物，岂不成了天下奇闻？

后来李嗣源辗转得知这件事情，吓出了一身冷汗。他才明白皇上说的话也并非"一言九鼎"，很多时候听起来豪气干云的语言不过是出于表演的需要罢了。庄宗越到后来猜疑之心越重，终于将镇守幽州的李嗣源召到洛阳来，把他放在自己的眼皮子底下，免得自己吃不下睡不香的。

"换爹"风波

925年，邺都又发生兵乱，李存勖赶忙派元行钦前往平乱。元行钦最早是李存勖的对头刘守光的爱将，后来与李嗣源在战场上狭路相逢，屡败屡战，其意志坚定让李嗣源很佩服。李嗣源仿效诸葛孔明对待孟获的"七擒七纵"，收服了元行钦，收他做了义子。可能是元行钦太善于表现自己了，刚认了李嗣源做义父，又被李存勖相中了。李嗣源是李克用的养子，李存勖才是正牌的太子，所以根本不用争抢，元行钦就换了爹，成为李存勖的干儿子，改名为李绍荣。

说起李绍荣来，咱们不妨插播一段关于儿子抢老子爱妾的小段子。李存勖爱美色，曾经宠幸一位美人，两个人还生了一个小皇子。刘皇后善妒，时刻想着怎么做掉这娘俩。一次李绍荣立了大功，庄宗听说他新死了媳妇，就说为父日后一定会给你找一个更漂亮的媳妇。

刘皇后一听这话，顿时有了主意。她派人把庄宗宠幸的美人领过来，对李绍荣说这就是父皇赐给你的美人还不谢恩。庄宗有点惧内，当场没有发作，事后后悔了很多天。李绍荣稀里糊涂地成为和皇帝老爸"抢女人"还成功了的幸运儿。

动辄阵前收子，阵后认爹，这也算五代一大特色。一个人能收一群干儿子，说明这个人本事大，有容人的资本。一个人能令众人抢着认干儿子，不也说明此人手段了得？

元行钦倒也不是全能将军，最起码邺都的困局他就解不开，损兵折将之后，无功而返。这时候，李存勖身边的谋臣们七嘴八舌，鼓动庄宗再派李嗣源出马。毕竟在他洛阳住了许久，没有露出任何谋反之意。再说了，李嗣源在军中威望颇高，也许他到邺都之后，兵变自动解除也未可知。李存勖实在无将可用，只得答应放李嗣源出来一试。

义兄当国，义弟绝后

李嗣源不知道，前面等待他的将是他这辈子最大的一次"危机"。邺都的局面当真是"危险"和"机遇"并存，进一步洪福齐天，退一步则粉身碎骨。

这里的骚乱是一个叫皇甫晖的军官引起的。史书上说皇甫晖为人"骁勇无赖"，可见此人应该是个机会主义者。他看到庄宗失政，天下离心，觉得自己的机会来了。他自己威望不足，就先鼓动自己的顶头上司、邺都的主将杨仁晟造反，杨仁晟不从被他一刀砍死，又找了另外一位领导。第二个人还是不从，结果又被皇甫晖一刀杀了。这个狠人最后找到了胆小怕事的赵在礼做头领，举起了反旗。当李嗣源前来平乱的时候，皇甫晖发现论能力、论人气，赵在礼都远逊李嗣源，于是起了把李嗣源拉下水的主意。

就这样，乱兵首领与李嗣源在熊熊篝火和满地伏尸的战场上进行了一场"别开生面"的会谈。他们很坦白，说："我们兵变之后就后悔了，可是我们听说皇上震怒，要坑杀我们所有的人。与其被活埋，倒不如干脆反了，也弄一个皇帝当当。朱温和李存勖也不是天生的皇族，凭什么他们能做，我们就干不来？你来得正好，我们想拥护你做河北的皇帝，与河南的李存勖抗衡，如何？"

李嗣源一听见这样大逆不道的话，赶忙推脱。可他身后的亲信悄悄拽了拽他的衣角，暗示他可以假装答应，否则乱兵们一激动将二人杀了也不是没有可能。事情到了这个份儿上，李嗣源的心思活动起来了。得到了乱兵的认可，李嗣源可以自由行动了，可他却陷入了两难的境地。回自己的地盘幽州吧，怕有人说他抗命不遵，意图不轨。回洛阳吧，怕失败了的元行钦回去之后在庄宗跟前污蔑自己，受到庄宗的处罚。

思量再三后，他还是决定成全自己的一世英名，到洛阳向庄宗请罪。元行钦自己的差事没办好，李嗣源被邺都的乱军劫持的时候也没有救援，他害怕和曾经的义父在庄宗面前对峙，就千方百计阻挠李嗣源进京面圣。李嗣源向庄宗请罪的奏章被元行钦劫持，连派出去做信使的儿子都被元行钦扣留了。

还是他的女婿石敬瑭对李嗣源说："此时再去京师与送死无异。既然大家都说您要造反，反了就是了。大梁距此不远，钱粮不缺，如果您能以此为据点号令天下，未尝不可。"

李嗣源假意推辞了一番，就在女婿的拥护下，打进大梁。

李嗣源占领大梁之后，倒没有急着称帝。他打算"广积粮，缓称王"，可庄宗身边人不干，在洛阳的御营就发生了兵乱，李存勖惨死在乱箭之下。李嗣源听说之后，还大哭了一场，告诉天下，死去的庄宗是他的兄弟。李嗣源手下的将官们都撺掇他赶快称帝，他们也好封个国公、太尉什么的高官。李嗣源不领情，非说要找到庄宗的后裔，把皇位给李家保留着。

这个决心可是帮了李存勖的倒忙。本来李存勖还有几个遗孀、几个子侄流落民间，苟且偷生。李嗣源的亲信们就找到一个杀一个，找到两个杀一双。这样一来，李存勖的后人反倒因为李嗣源的"仁义"死了个干干净净，不能不说是一场闹剧。

60岁的老将李嗣源"勉为其难",登上了天下瞩目的皇帝宝座。平心而论,这么大的诱惑摆在眼前,没有几个人能够拒绝。有人拍新皇的马屁,奏请李嗣源更改国号。原因是"后唐气数已尽,请改正朔,辞旧迎新"。

李嗣源没有同意更改国号的建议,他说自己13岁就跟着李国昌卖命,15岁与李克用并肩作战,李家就是自己的家。既然你们说后唐气数已尽,那自己就要中兴后唐,报答李克用的知遇之恩。

李存勖的葬礼上,李嗣源披麻戴孝痛哭比自己小得多的李存勖,还说只要找到李存勖的骨血,他一定把皇位让出来。这话要是棺材中的李存勖听见了,肯定要出来跟李嗣源拼命不可。

李嗣源上任之后,确实有振兴后唐的意思。他不爱美色、不爱听戏、不喜奢华,也能体谅老百姓的苦处,登基初期还真让后唐的百姓享受了几年难得的太平日子。

可是李嗣源文化水平太低,治国的能力也很有限,他有心找几个读书人来帮自己定国安邦吧,可是读书人们胆子小,只给他念念奏章,却不敢发表意见。偌大一个国家到了自己手中却成了烫手的山芋,李嗣源想想也觉得有点窝心。

另类的当朝重臣

当朝还有一位"官场不倒翁"叫冯道,此人二十年的时间连续侍奉四朝六帝，位极人臣，也算得上奇人一个。我们习惯上认为"三朝元老"就相当了不起，称得上资深官僚了。但是有人将李从远、李从珂、石重贵等在位时间极短的二世祖以及将他俘虏的辽太宗耶律德光算上，发现此人经历了大小十个皇帝，而且每一朝都受重用。这个冯道先生竟然是"三朝元老"的三倍还要多，其实力和运道是已经超强到了变态的程度。

欧阳修在为五代修史的时候一边痛骂冯道丢尽天下读书人的脸，一边不得不承认冯道确实是一个不贪财、不好色的清廉高官。五代的所谓皇帝们几乎都是外族，让冯道去死心塌地效忠一个人岂不是笑话？反倒不如坐在高官的位子上为老百姓悄悄做点实事。

从李存勖、李嗣源到刘知远、石敬瑭、柴荣，冯道都曾打过交道。能在这么多武夫当中存活下来，还能洁身自好，能身居高位二十多年，最后还能全身而退，试问中国上下五千年的历史中有几人能做到？

冯道是瀛洲景城人，生于唐僖宗中和二年（882年）。他年轻的时候一边耕种一边读书，倒也自得其乐。这个人的祖上没有出过什么大官，甚至连县令以上的人才都没有。但也难说，也许是厚积薄发，冯道祖上积累了多少代的青烟全都停在他一个人头上。从刘守光手下的幽州小吏开始，冯道走上了他精彩绝伦的仕途生涯。

刘守光暴虐、李存勖登基之后宠信戏子，这两位老板都没有发现冯道的好处。到了半文盲的明宗李嗣源登基的时候，冯道成为宰相，才算是得见天日。因为明宗文化程度不高，所以冯道与明宗对话尽量采用最通俗的语言，好让皇上了解自己的意思。

有一年，年景不好，但是大臣们早就习惯了粉饰太平，没有几个人肯说真话。冯道就将聂夷中的一首《伤田诗》拿给明宗看，告诉他现在的老百姓就是这样一种状态。"二月卖新丝，五月粜秋谷。医得眼前疮，剜却心头肉"简直是字字泣血，句句惊心。明宗知道了真相，还特意命人将这首诗抄录下来，放在自己的寝宫，时时警示自己，不要身居高位，就忘了普通百姓。

李嗣源去世之后，失去知己的冯道就是纯粹为了做官而做官了。尽管他偶尔也有忠言直谏的时候，但每次都是反复斟酌，确定不会触怒老板的情况下才发言的。

明宗李嗣源的另一位极为倚重的臂膀叫安重诲，此人虽然只风光于明宗一朝，但他的地位在当时比冯道更加稳固。冯道是文官，只在写文书、下圣旨的时候对皇上做一些适当的规劝。安重诲不一样，他是撺掇李嗣源登基的开国元勋，曾经是李嗣源最为倚重的左膀右臂，甚至连李嗣源最为宠爱的妃子王氏都是安重诲献上来的。

安重诲是山西应县人，年轻的时候就投身军旅，跟在李克用的义子李嗣源身边。十几年的戎马生涯当中，骁勇的安重诲逐渐成为李嗣源的心腹爱将。沙场之上结下的生死情义比起其他关系的君臣来说感情更深厚一些。所以明宗即位之后，对安重诲很是慷慨，即便他有什么不对的地方，也是睁一只眼闭一只眼，尽量宽容。

这样长时间处于一人之下万人之上的地位，安重诲后期有点得意忘形，时常会和明宗争得面红耳赤。一次，明宗要提拔一个年轻人做节度使，就让安重诲给安排一下。安重诲心中不喜欢那位年轻人，直接回绝说没有空缺，等等看吧。等了一个月，明宗问起此事，安重诲还让再等。最后看到明宗真的生气了，他才不得已给年轻人安排了一个职位。

还有一次，明宗的义子李从珂酒桌上得罪了安重诲，第二天酒醒之后还得亲自登门向安重诲请罪去。最奇怪的是明宗听说此事之后，不但不惩戒安重诲，反而担心自己的义子会遭到安重诲的打击报复，找了个借口，把义子打发到远处，躲避安重诲的明枪暗箭去了。

这样嚣张跋扈，连皇帝都不放在眼中的权臣，你要说他有谋反之意吧，还真不好说，因为直到死，也没见安重诲流露出一点谋逆的意思。

前有汉高祖 "飞鸟尽"时"良弓藏"，"狡兔死"时"走狗烹"，后有宋太祖"卧榻之侧岂容他人鼾睡"，可见一代皇帝无论多么大度，也不能容忍自己的权威一再受到挑衅。傀儡皇帝就不必说了，真正能主宰一朝一国的人绝对不会放过像安重诲这样居功自傲的重臣。

之前安重诲能够欺君蔽上，是明宗的宠信之故。当那些善于察言观色的人发现明宗对安重诲起了猜忌之心的时候，必然会抓住一切机会来加重君臣之间的矛盾。

果然，当安重诲离开京城担任河东节度使的时候，明宗派了长子李从璋专门监视他的动向。李从璋本来就不喜欢这位飞扬跋扈的权臣，拿到了监视权之后就自作主张，找个理由将安重诲杀了。抄家的时候，李从璋十分积极，他以为会出现金山银海可以发一笔横财。没想到安重诲身后的余财并不多，所有的资产加起来也不过数千缗。

缗是古代串铜钱的绳子，数千缗钱对于普通百姓来说确实不少，但对于权臣来说，确实少得不能再少了。听到这个汇报，明宗心里也有点后悔是否杀错了人。

至于实际情况到底是死了的安重诲善于隐匿财产还是李从璋故意隐瞒不报，我们就不得而知了。安重诲被杀之时，还大声疾呼："其死无恨，但恨不与官家诛得潞王，他日必为朝廷之患。"以此来提醒明宗李从珂日后必反。可惜李嗣源没听，否则也不至于出现义子杀亲子的惨剧了。

"窝里斗"的一家人

李嗣源是一个妙人。

他自己不久之后就取代了义弟李存勖做了皇帝，称为后唐明宗；他的儿子李从厚继位，称闵帝；儿子被干儿子杀死，女婿又开宗立派，建立了后晋，是历史上大大有名的"儿皇帝"；他手底下的一员虎将刘知远等到石敬瑭死后也过了一把皇帝瘾，成为后汉的高祖。一个人一生之中与这么多不同朝代的皇帝都有密切的关系，李嗣源可谓古今第一人。

　　小心翼翼的李嗣源没能保证后唐的江山万世永存，七年之后他病死在皇位之上，连遗嘱都没有留下。当时并不是没有机会立遗嘱，而是李嗣源舍不得皇帝位子。每次遇到大臣劝谏自己立储的时候他都会又哭又闹的，质问人家是不是嫌他年老体衰，无力治国。遇到这样贪恋权位的皇帝，还有谁敢捋虎须？

　　明宗后宫并不多，后妃加起来不过三四人，儿子只有五个亲子和两个义子。我们前文说过，李嗣源以前认过元行钦做义子，后来元行钦被庄宗夺爱了，李嗣源就只剩下李从珂一个干儿子了。

　　说李从珂是李嗣源的"义子"，不如说是"继子"更为恰当，因为李从珂的母亲魏氏后来嫁给了李嗣源做小老婆。李嗣源对李从珂这个继子的感情是相当复杂的。未当皇帝之前，爷俩互帮互助，感情一直很好。可是当了皇帝之后，让他放着自己的亲骨肉不闻不问，立能力更高、军功更大的李从珂为太子，也是不可能的。

　　李嗣源的大儿子李从审为人倒是不错，但是命不好，英年早逝，死于他早年的义子元行钦之手；老二李从荣风流倜傥，为人浮华，明宗不待见他；老三从厚倒是颇有乃父之风，为人厚道，明宗有心偏袒从厚，又怕别人怪他废长立幼，引起不必要的兵变，所以采用一个"拖字诀"，不肯面对立储的问题。至于义子李从珂，谁都没有考虑过将太子的位子传给他。可李从珂有点像上一辈的李存颢，觉得自己位高权重，一样有权继承皇命。没人注意自己没关系，等义父驾崩之后给众位兄弟们一个"惊喜"也无妨。

后来明宗病重未死，李从荣就等不及了，召集了军队准备夺权。也是李从荣活该，他的人缘太差了，朝中的实权派得罪得精光，军中的将领也都不喜欢他，所以他要夺权基本上就是一场闹剧。更为戏剧化的是李从荣夺权未成，明宗反倒回光返照，处死了从荣。看到儿子死在自己面前，他又颇为不忍，没过几天，伤心过度也死了。

时任天雄军节度使的三儿子李从厚奉诏连忙回京即位，称后唐闵帝。李从厚是个厚道孩子，以前都不敢想象自己有朝一日能够继承大统。如今好事降临，他激动得有点找不着北了。另外，李从厚也没有什么雄才大略，若是在太平盛世从容继位的话，也许还能当个及格的守成之君。不幸的是，他活在"弱肉强食"的五代时期，命运不可能一帆风顺了。

没过多久，干哥哥李从珂不服，举兵造反了。李从珂也是不傻帽儿，他是打着"靖难"的旗号起兵的。"靖难"就是"清君侧"，这几乎是历朝历代造反奇兵的人最喜欢的借口了。他说李从厚这个弟弟年幼不懂事，被权臣朱弘昭控制了。李从珂当时已经五十多岁了，历来掌握大军，他一路打过来，所向披靡，朱弘昭吓得自杀了，李从厚没了主心骨就离宫投奔姐夫石敬瑭去了。李从珂赶走李从厚之后，自立为帝。

李从厚也是命苦，他哪里知道自己投奔的姐夫石敬瑭也不是什么省油的灯。看着大舅子小舅子们打得挺热闹，石敬

瑭也按耐不住了。他为了讨好李从珂，先暗示卫州刺史王
弘贽杀了李从厚的随从，最后干脆将这个小舅子也弄死了
事。做完这件事，他又不慌不忙地竖起了讨逆的大旗，还
把契丹人引入了中原。李嗣源身死之后，又一场乱世风云拉
开了序幕。

第六章 想"漂白"，没那么容易

900年前，山东的地盘上有一处叫做水泊梁山的地方格外闪耀，这里聚集了上百的强人以及数万的喽啰，在大宋王朝掀起了一场轰轰烈烈的反政府运动。

他们顶着"天罡地煞"的凶名，做着"替天行道"的事儿；他们看似无法无天，在山寨当中却是兄弟相称、尊卑有别；他们来自五湖四海，出身不同、性格各异，却都是一身武艺、满腔豪情……这群人有的鲁莽，有的暴躁，有的狡猾，有的贪杯，但更多的是侠肝义胆，是打抱不平，是忠勇刚毅，是义字当头。

有人的地方就有江湖，何况梁山这个综合了各色人的复杂江湖。不用想，梁山这个大圈子当中，也有不少的小圈子——有亲情黏连的小团体，也有同乡会；有前政府公务员阵营，也有黑帮大哥小弟的天然同盟。这些小圈子在梁山这个大圈子当中交叉重叠，和平共处。

第一节　弟兄们，跟哥哥上山去

俺们早就想入伙了！

对于梁山周边石碣村打渔为生的阮氏三兄弟来说，山上好汉们的日子过得实在是太舒心了。早就听说他们的生活水准极高，不但顿顿有酒有肉，时不时还能分到大把的金银。这样的好日子什么时候才能轮到自己头上呢，哥仨实在是做梦都想上梁山。

管他什么忠义家国，管他什么名声地位，如果能吃香喝辣了此一生，有个贼名又怕什么呢？何况梁山周围八百里水泊，就凭咱们弟兄三个的水性，到了哪里少不得弄一个水师大将军做一做？有了这份铺垫在前，即便吴用没有上门撺掇，恐怕他们也要自己想办法主动钻到这个无法无天的圈子里头。

正当三个人吃了上顿没下顿，一边打渔糊口一边赌博作乐的时候，那个号称"智多星"的吴用先生主动找上门来了。吴先生实在太热情了，不但请他们痛痛快快地喝酒吃肉，还顺手帮他们还清了以前欠下的酒债。"吃人的嘴短"，阮小二等人虽然穷困潦倒，好赌成性，但也知道天下没有白吃的午餐。他们就问吴用："有什么事需要我们兄弟帮您摆平吗？"别的不好说，但是帮助手无缚鸡之力的教书先生揍几个泼皮无赖还是没有问题的。

可是吴用并没有顺着三兄弟的思路往下走，而是抛出了一个"天大"的诱惑：有价值十万贯的生辰纲将要路过此处，只要你们肯下决心赌上一把，这贫穷的帽子就算彻底摘掉了。何况不是你们兄弟三个孤军奋战，还有晁天王领着大伙一起干呢。

听到这儿，阮氏三雄不用合计，就拍板：这买卖划算。为何？如果咱们不接这活，自然有别人抢着做。万一冒险的结果是成功，咱们可就坐地变成富家翁了，到时候想买什么买不来？就算是包下十里八村的赌场不也是一句话的事吗？十万贯是什么概念，按照大宋人的生活水准，够十几家人花上十辈子了！十万贯就算十个人分，咱们三个也能分到三份不是？

就这样，三个赤贫的热血青年在吴用的一番忽悠下踏上了犯罪道路的第一步。他们先是劫走了梁中书献给岳父大人蔡京的生辰纲，直接黑了杨志的前途；继而畏罪潜逃，避祸梁山，真正从普通的良民成为官府眼中的贼寇，背上了终身洗脱不掉的贼名。

对于这个后果，阮氏兄弟应该早就预料到了。他们想过最好的也是世人眼中最差的结局就是上梁山落草为寇，当了山大王之后的人生与石碣村的渔民就是两重天了。

梁山非典型优秀HR李逵（上）

　　梁山上一百零八条好汉，要说知名度最高的前十位，黑旋风李逵一定位列其中。这个莽汉扛着两把大板斧风风火火地出场，之后一直跟在宋江身边做他最为忠诚的小弟，最后就连喝毒酒身亡这种生死大事上也不含糊，直接跟着他的宋公明哥哥一起赴死见了阎罗。

　　要说李逵的形象，绝对有特点，光是肤色就能成为古往今来黑脸大汉的经典代表。君不见路边卖布头的小贩吆喝，都知道用李逵和张飞并列来形容手中的黑布——"怎么那么黑，气死张飞，不让李逵"。除了黑之外，就是那一脸的络腮胡子，加上一把护心毛，膀大腰圆、横眉竖眼，整个一个恶鬼投胎，"止小儿夜啼"更是捎带手的事。

　　别看李逵长得对不起观众，性格也和外貌一样不太讨喜，但他却有个本事就是总能趁乱帮梁山多多物色帮手上来。有意无意中，经李逵引荐上山的人竟也有了五六个，俨然一个小派系、小圈子了。不过李逵这人不善经营人际关系，没有好好利用自己相熟的这帮势力。但他紧紧靠着宋江这座大山，结果自己推荐上山的好汉们自然沾光，以宋江嫡系自居。

　　要说这李逵还真是一员福将，第一次下山就带了两位好汉朱富和李云师徒上来。虽说那两位老乡不是李逵主动招揽的,而且上山也有无奈的成分,但不能否认是李逵的出现才造成了他们师徒二人投奔梁山的契机。

具体情况是,大孝子李逵看到孙公胜回家探母,也跟风起哄,非要回老家把自己瞎眼的老母亲接上山来享福。对于这种高贵情操,梁山当然是要照顾的,所以在宋江的许可下,在朱贵的暗中照应下,李逵也回沂州老家探亲了。这次探亲很悲剧,李逵可怜的老母亲竟然因为儿子的粗心大意而让老虎给吃了,但李逵也不含糊,连杀了四只大虎幼虎之后,借吃官司的机会,顺带"拐了"朱富、李云两位好汉上山。

朱富我们可能不是太熟悉,但他胞兄朱贵(梁山第一代元老)的名字已经出现多次。朱富和哥哥一样做的都是开酒店的生意,估计这件谋生的本领是家传的,因为兄弟俩的买卖都不错,开酒店之余还都有闲工夫琢磨点舞刀弄枪、结交各路英豪的副业。

再说李逵下山,打死四虎替母报仇之后,被一个黑心的曹太公用酒灌醉绑住,送往县城。朱贵不是得了宋江的吩咐,暗中保护李逵吗?他就和弟弟朱富一起用同样的计策,用掺了迷药的美酒和烤肉从押解李逵的兵士手中救出了这位同乡。到了此刻,朱富已经为了哥哥的事业、为了自己的义气犯事了,李逵一撺掇,上山就成了他的最佳选择。

这个黑李逵看着粗心,其实算盘还是不错的。他看到朱富既然都同意上山了,那押解自己的官兵首领李云干脆也拉入伙得了。李云不是别人，与朱家兄弟、李逵都是沂州老乡，同时也是朱富的拳脚师傅。放走了李逵，李云回去肯定要吃官司的，经过朱富他们一劝，也应允了上山一事。

很明显，在县城好好做都头的李云上山是无奈的，最能体会那种心情的恐怕就是被梁山中人截了生辰纲的杨志兄弟了。李云上山之后，真应该好好请杨志喝顿酒，让前辈传授一下被迫"归队"的郁闷应该如何排解。

这就是李逵傻人有傻福了，自己下山接母未成，反倒陷入了牢狱之灾，但是得到几位好汉相救之后，还顺带把这几位好汉一起忽悠入伙，让热衷招兵买马、扩充实力的宋江很是夸赞了一番。

唯一令人费解的是朱富上梁山竟然不是哥哥亲自作保、介绍上山的，而是被看似大大咧咧的李逵"诓"上来的。难道是朱贵因为自己在山寨的地位一降再降，不愿意让弟弟看到自己的不得志，或者他在潜意识里还是认可在老家开酒店是正途，在梁山落草终究不是长久之计？这个原因到了后来已经不重要了，朱富反正都上山了。

梁山非典型优秀HR李逵（下）

第二个被李逵"赚"上山来的好汉叫朱仝，他和宋江一样曾经是郓城县的公务员。说起来，两个人在工作中交往还不少呢。朱仝曾是郓城县的都头，是一县当中主抓刑侦的人才，地位比宋江曾经担任过的押司还要高一级。

因为职务之便，朱仝曾亲身参与过先放晁盖、后放宋江的两次大案。梁山上担任过这个职位的还有武松、雷横、李云等人。可见宋朝时候，黑白两道通吃的都头的位置还是很值得回味的。

朱仝因为太讲义气了，接连放走了晁盖、宋江、雷横等人，被上级以玩忽职守罪判了刑，充军发配去了。他没有被发配到沧州，所以没能到柴大官人的府上吃喝完毕，再领一些金银傍身。但他的运气也不错，到了济州之后，得到了济州知府的另眼相看。这位知府也是位敬重英雄的性情中人，看到朱仝发配的原因是私放逃犯，反倒觉得这是个有情有义的汉子，值得提携。出于对朱仝的信任，知府还把自己的宝贝儿子交给朱仝带出去玩。可能是朱仝那一把漂亮的大胡子吸引了孩子，这位小衙内竟也乐颠颠地跟着犯人叔叔出了门。

结果，出事了，带着孩子的朱仝遇上了黑旋风李逵，而李逵这位嗜杀黑脸好汉竟然连小孩也不放过。尤其是当他一刀结果了朱仝带出来玩的济州知府的小公子时，凡是稍有恻隐之心的人都会不忍。一个小屁孩也碍着你们梁山诸多英雄好汉了，非要把他杀了不可？可是梁山的众多英豪们仿佛根本没有意识到这一点，宋江也好，吴用也好，大家都沉浸在李逵能把朱仝这位前政府公务员"赚"上梁山的喜悦当中。

朱仝虽然上山了，但是坚决不买李逵的账。在他看来，李逵杀死小衙内，纯粹是为了陷他于不仁不义当中，所以最初众人劝朱仝上山，他只提一个条件就是"杀了黑旋风，与我出口气"。由此可见，此时的李逵对于做引荐人的业务还不是太熟练，尽管任务是完成了，但是因自己而上山的这位仁兄并没有成为自己的至交好友。也罢，只要朱仝忠于宋江哥哥就行了，在直心眼的李逵看来，只要忠于宋江哥哥的人就是自己的哥们。

有了"赚"朱富、朱仝等人的经验，李逵以后再做这类工作就是轻车熟路了。

有人说汤隆应该算作李逵介绍到梁山的好汉中最有价值的一位，因为他是一个技术类人才，是梁山不可或缺的超级铁匠。那么一大群号称要"替天行道"的人聚在一起占山为王，没有趁手的兵器怎么能行？投奔梁山的人，可不都是像"青面兽"杨志那样的世家子，有一把吹毛断发、削铁如泥的家传宝刀的，所以一个善于打造兵器的铁匠对于梁山众人来说实在是太重要了。

也许是施耐庵老爷子也考虑到了这一点，特意把汤隆安排在梁山事业越做越大的时候出场了。若是放到王伦当家的时候，这么大的铁匠放到梁山就是人力资源的巨大浪费，但是到了宋江励精图治，将梁山打造成大宋第一山寨的时候，汤隆的出现就十分必要了。

当时李逵正跟着戴宗去接梁山第一"神人"公孙胜，路过武冈镇的时候看见了在街头耍把式的"金钱豹子"汤隆。他正抡起三十多斤的大铁锤舞得虎虎生风，李逵对这样的汉子很是欣赏。当汤隆将李逵带回家参观的时候，咱们一向粗心的"黑旋风"竟起了爱才之意，想起："山寨正缺少这样的打铁匠人，何不叫他也去入伙？"此处可知，终日跟在宋江左右的李逵开窍了，知道为山寨物色有专长的人才而非单纯的草莽汉子了。

汤隆接到李逵发来的邀请自己上山的信号，没有丝毫犹豫就答应了。原来，他也不是什么良民，因为好赌输光了家底，只能流落江湖。如今梁山那么大的山寨向自己伸出橄榄枝了，不接着就太不识时务了。汤隆与李逵，一个真心相邀，一个迫切要找靠山，一拍即合。后来梁山泊呼延灼的连环马就是汤隆打造的钩镰枪，请徐宁上山教授枪法，也是汤隆献计献策。

说媒拉纤的细活李逵不感兴趣，但是做介绍人邀人上山入伙的游戏却越做越上瘾，只要有机会下山，他就免不了带人回来。

这不，刚介绍汤隆回山没多久，他又一口气将焦挺和鲍旭两个虎人哄上山来。

焦挺外号"没面目"，估计长相很困难，比李逵这样满脸络腮胡子的黑脸大汉还要令人难以接受。他在江湖厮混了许久，都是一副落魄的样子。遇到李逵之前，焦挺一直到处找组织请求入伙，但都被拒绝了。要说他没本事，还真不是这么回事，人家可是相扑高手，梁山上除了燕青之外，单比拳脚的话，很少有人能完胜他的。最起码，李逵就是他的手下败将。

　　和焦挺一起出场的哥们是枯树山上的强盗鲍旭，这个人本事不小，但爱好杀人，结下很多梁子之后，落草为寇，人送外号"丧门神"。鲍旭除了武功不弱之外，组织能力也不错，在他的英明领导下，枯树山的队伍扩展迅速，有了"五七百喽啰，二三百匹战马"。这份实力放在宋江面前不值一提，但相对于其他山寨来说，规模已然不小了。

　　鲍旭是一个有理想有追求的大哥，他一直很有品牌意识，仰慕宋江的威名，羡慕梁山的规模，所以当焦挺带着李逵前来游说自己入伙的时候，立刻带着手底下的小弟们改旗易帜，投靠了梁山。

　　应该说鲍旭和李逵的感情相对于其他兄弟来说还是很深的，因为这两个人相似的地方太多了，尤其是价值观相当一致，都是性子鲁莽、喜欢杀人、唯恐天下不乱的混世魔王。

被"坑"了一把的好汉们

　　提到众位好汉上梁山的原因，我们通常都会有一个现成的词语蹦出嘴边——"逼上梁山"呗，还能有什么别的原因，都是"被逼"、"被迫"的。这就是了，绝大多数人都不是自愿上山的，而是在世俗社会中走投无路才不得不上山另谋发展。关键是，他们都是被谁"逼"上山的呢？都是大宋政府，都是贪官污吏，都是地痞恶霸吗？也不尽然。

我们不否认林冲林教头是被高衙内连同衙内身后的高俅太尉一起逼上梁山的，可其他人也都有相似的苦逼经历吗？实际上，更多的人上梁山还有着比林教头更加难以言说的苦衷——他们是被梁山之人逼上梁山的。

"玉麒麟"卢俊义是梁山好汉当中公认的高手，外形、名声、财产以及性格，都是人中龙凤。但这样一位人才上山的原因竟然比林冲还要可悲，他赫然就是宋江等人挖好了陷阱之后再"打捞"上来的一只猎物。

卢俊义原本是什么人？那是大名府数一数二的富豪，家财万贯、良田万顷都放在一边，单是人品、家世对旁人来说都只有仰望的份儿。看看书上是怎么说的："卢俊义生于北京，长在豪富之家；祖宗无犯法之男，亲族无再婚之女；更兼俊义做事谨慎，非理不为，非财不取。"这样的人才无论如何是不会主动要求上山落草的。偏偏宋江就看上了卢俊义的财富和名望，要求军师吴用不管想出什么刁钻的办法，都要把卢俊义"诓"上山来。

结果吴用真就做了"为了达到目的不择手段"的事情，用一首反诗、一个告密的管家、一顶绿帽子、一场突如其来的官司加上一次劫法场的仗义行动，换来了卢俊义的"归顺"。被"自己人"这样步步算计，按照别人的谋划走上了一条原本与自己绝缘的造反之路，卢俊义心里爽得起来吗？

尽管上山之后，宋江给了他名义上的"二哥"的身份，但梁山上这个二哥的发言还真没有多少分量。看看四处征讨的过程吧，宋江和卢俊义总是兵分两路，凡是不被宋江看好的非嫡系部队都被打发到了卢俊义那边去。

一开始就被动地入错了圈子，这是卢俊义的悲哀。他的武功再高、仪表再帅、能力再强，身在这个并非心甘情愿选择的山寨之中，卢俊义始终不曾真正开怀。卢俊义结局也颇为惨淡，竟然因为服毒之后无法骑马，转而乘船，最后溺水而死。对于这样一个英雄一世的豪杰来说，这种死法恐怕不是他所愿意看到的。

卢二哥命苦吧，就在这梁山之上还有一位员外与卢俊义有着极为相似的经历，这个人就是江湖人称"扑天雕"的李应。听听这个霸气十足的外号，就知道李应的外门功夫非常了得。他的李家庄与扈三娘所在扈家庄以及梁山四次攻打方才得手的祝家庄本是联盟，三个庄子约好了"一庄有难，两庄支援"。可以说，李家、扈家和祝家原本是一个还算牢固的小圈子。

这个小圈子碰上梁山这个大圈子就倒霉了，他们的庄子被梁山攻占，人才也要有选择地"请"上山来。李员外就是被梁山看中的人才之一，他本来是不肯归降的，可是宋江倾情出演一场好戏，就赚到了李应。原来宋江派人假扮官兵捉拿李应，自己又亲率兵马营救，这样一来，等到李应的一家老小全都上山，他就是想反悔也来不及了。

不过李应比卢俊义更为聪明的地方在于他上山之后一直低调，既不拉帮结派，也不肯多出力气。尽管宋江给了他第

十一把交椅，但李应并没有过分热情地张罗梁山军务，只是
协助柴进做好钱粮财物的管理工作，不求有功，但求无过。
正是这种低调，让李应避免了很多次上阵厮杀的危险，招安
之后，他也全身而退，带着自己的跟班杜兴一起回家继续做
他的富家翁。虽然是终点又回到起点，但这几乎是一百多条
好汉里面不多的好结局啦。

第二节　大山寨中的小团体

组团上山的登州圈

　　梁山的派系纷乱复杂，按照带头大哥来看，大致分成宋江嫡系、晁盖嫡系以及卢俊义嫡系，就是这几拨嫡系人马，也按照先来后到、远近亲疏等分成了不同的小圈子。

　　按照出身来历的不同也能分出公务员圈子、黑社会圈子和其他三教九流圈子，不用说，这里面的公务员们还能根据官职大小、部门远近来重新组团。就是黑社会的成员们不也分是清风山的还是二龙山、桃花山的么？此外，还有按照地域将这百十位好汉分成了郓城圈、登州圈、江州圈等等。

　　这些圈子从人数上说多则几十人，少则三两人；从凝聚力上看也不一样，有的比较松散，有的则非常牢固。在众多派系或者说圈子当中，有一个登州圈不得不提。这个圈子人数说不上庞大，但将近十个人，占了高级干部差不多十分之一的比例，也是不容忽视的一支力量。最引人瞩目的是圈中人盘根错节的亲戚关系，让他们的结合比其他圈子都更加牢固。

且看登州圈都有哪几位英雄好汉。首先上场的是解珍、解宝两兄弟，这两个猎户出身的好汉可是梁山人才圈不可或缺的一个种类，他们都是攀岩高手。论武功、论智谋，这两个人可能都不是那么出类拔萃，但是人家有特长，能在很多战争中发挥意想不到的奇兵作用，所以排到了三十六天罡的行列，属于登州圈中仅有的两位"正将"。

有"正将"在前，其他几位只好屈就"偏将"的行列了。好在这几位同志都是亲戚，相互之间也不争这个名分，更不会因此伤了和气。

解珍、解宝的母亲刚好是登州提辖官孙立的姑姑，也就是说孙家和解家是实实在在的姑表亲。更巧的是，孙立有个亲弟弟叫孙新，而孙新的老婆顾大嫂又是解珍、解宝的嫡亲表姐。这样一来，两家更是亲上加亲了。孙立还有个小舅子，此人姓乐名和，是个吹拉弹唱样样精通的文艺青年。如果乐和晚生几百年，那就是备受推崇的一位艺术大师。这个乐和与解珍、解宝兄弟意气相投，三个人除了通过孙家建立的姻缘关系之外，还是一块喝酒的铁哥们。

好了，这就容易理解为什么解珍、解宝一出事，孙氏兄弟与乐和都会那样热心帮忙了。首先得知解珍、解宝哥俩冤屈入狱的是艺术家乐和，他听到朋友因为打虎被抓之后，首先找到了孙新和顾大嫂来求助。这个举动不难看出乐和讲义气，孙新和顾大嫂这对开酒店的夫妻也是豪爽仗义的主儿。要不然，乐和完全可以先找自己的亲姐夫孙立，况且孙立还是当地的提辖官呢，手底下有兵有权不更好办事？孙新和顾大嫂一听表弟被抓，当然震怒，他们马上就联络人马准备行动了。顾大嫂的想法简单有效：花钱打点不奏效的话，那就劫大狱。

既然解珍、解宝是被毛太公有意陷害的，想花钱办事的路就走不通了。劫狱嘛，那就需要好好策划一番了。孙新想到了自己还有两位混黑道的朋友邹渊、邹润叔侄呢，这两个人帮忙的话，成功的概率就大一些。还有哥哥孙立虽然胆小保守，但是表弟有难，他若是不救，咱们几个人就和他断绝关系。

就这样，个体户孙新夫妇、知名音乐家乐和先生、职业黑社会成员邹渊、江湖闲汉邹润加上公务员孙立为了深陷囹圄的解珍、解宝兄弟临时组团，展开了一场水浒中经常上演的劫狱大戏。结果，打虎兄弟得救了，救人的人却不得不抛家舍业，继续以团队的形式投奔梁山。

梁山的排名是有规律的，上山时间的先后是一个方面，本领高低也是一个方面，所以别看登州这一群人拖家带口的组团来了，但他们的座次差别还是很大的。

前面说了肇事的解珍、解宝因为身怀攀岩绝技，在几次战役中能出其不意攀上悬崖或者城墙，给"我军"争取有利战局，所以排到了天罡星里面。剩下的几位当中，孙立做过和鲁智深一样的提辖官，武功也不错，在攻打祝家庄的战役中又立下大功，排在了地煞星的第三位，也不算太委屈。

乐和属于特殊人才，聪明伶俐，上得了台面，是不可多得的外交人才。招安大计实施的时候，就是乐和、燕青这样的人才出场的重要时刻。与李师师、宋徽宗这样的风雅之人打交道，没有拿得出手的艺术人才不是白扯吗？

孙新和顾大嫂夫妇本来就是开酒店的，到了梁山依旧干的是老本行。不过这次由单纯的做买卖扩展为边做买卖边收集情报，和当年朱贵的信息综合处处长的位置是并列的。

至于邹渊、邹润叔侄二人，上山的时间既晚，又是黑社会出身，本身功夫又不是特别出众，所以排名比较靠后，也在情理之中。

登州圈的人最大的特点不是他们的出身、裙带关系或者在山寨之中的排名顺序，而是其中半数以上的好汉得到了善终。看看梁山诸人，招安之后征方腊，惨死大半，善终的极少。登州圈八个人，有五个都安然无恙，不能不说是一个奇迹。

解珍、解宝因攀岩而获得荣光，最后坠崖而死，命运使然？邹渊混黑帮、爱赌钱、气性大，死于征方腊过程中，报应？乐和因为特长在身，碰上了爱护人才的王都尉，招安之前就被带走，留在对方府中避免了出征、战死的悲剧；孙立、孙新兄弟大难不死，战后重回登州做官；顾大嫂这条"母大虫"还有个了"东源县君"的封诰。

登州圈在整个梁山好汉圈来说肯定不是实力最强的那一个圈子，但肯定是最为幸运的一群人。乱世之中，幸运也是一种能力，谁说不是呢？

选好带头大哥很重要

　　每一个成功的团队都有其成功的原因，正如每一个耀眼的圈子都有众多大小不一的发光体一样。对于梁山来说，它能从众多同类山寨中脱颖而出的最大原因就是有了宋江这样能力超强的山寨领导。

　　王伦时期，梁山就是一个三流的山寨，在大宋朝众多的山贼水匪当中并不起眼，与同时期的清风山、二龙山、桃花山什么的没有什么本质区别，不过是名字不一样、地点不一样罢了；到了晁盖时期，天王领导下的梁山从"打家劫舍"升级到了"劫富济贫"，比起步相同的山寨们是一个不小的进步，从此梁山跻身二流山寨的水准；还是宋江能耐大，到他担任梁山一把手的时候，山寨之中竖起了"替天行道"的杏黄大旗，曾经只有四位大哥、数百喽啰的小小水泊梁山竟然演变为猛将过百、雄兵十万的超级大山寨。

　　由此看来，对于落草为寇的同志们来说，选好带头大哥才是重中之重。曾经和梁山起点相同的山寨们逐渐沦为梁山的小弟，曾经的大哥们投奔梁山之后只能按照能力、武力、资历重新排名，从小单位说一不二的人物沦为一百零八位主将之一，这种落差不是人人都能"享受"的。一起来关注一下被梁山吞并前的其他山寨弟兄们。

　　事情还得从宋江犯事之后说起。他那时候四处躲避大宋公安机关的追捕。由于宋江本人在杀死自己包养的外来务工年轻妇女阎婆惜之前，特别会做人，全郓城县一大批哥们，所以他犯事之后几乎是一路绿灯地走脱。

他先到沧州柴大官人的庄园住了半年，虽然此处颇为安全，但是狡兔尚有三窟，宋江还是决定不能在一个地方久待，遂去了自己挂名的徒弟孔明、孔亮家。宋江的功夫稀松得紧，除了"杀惜"之外几乎没有别的用武之地，所以我们暂且揣测孔明、孔亮当初拜宋江为师只是图个好名声，就跟别人认干爹的性质是一样的。因为孔明、孔亮的功夫在梁山众将领当中也不咋地，但能打下白虎山的基业，开创出一片"根据地"的两兄弟肯定比宋江的武力值要强上那么一点点。

在白虎山下的孔家庄，宋江也是一住半年。硬要说当时他一个朝廷钦犯能给孔家带来什么好处显然是白扯，但是这份情谊却让上山之后的孔明、孔亮沾光不少。从出身来说，孔氏兄弟所在的白虎山应该属于鲁智深领导下的"二龙山派系"，但是因为宋江徒弟的身份和曾经供奉过宋江半年的实际表现，这两个人上山之后比资格更老的草莽如陈达、杨春、李忠、周通等人排名高出一截。他们的地位和鲁智深、武松这样的猛人是没法相提并论的，谁让鲁提辖和武二哥的拳头硬呢，在梁山，没本事的人只能靠跟对老大来换取稍微靠前一点的排名了。

离开孔家庄，宋江动身来到第三个藏身之处也就是位于青州地区的清风寨，这里不但是他的至交好友花荣的地盘，同时还是一个四不管的地界。大家注意了，这个清风寨听起来比较霸气，实际上不是山贼的山寨，而是政府的武装力量，从行政级别上来看应该是一个比较重要的专区。

　　当然了，这块地盘也不完全都是政府说了算，另外还有清风山、二龙山、桃花山等几个黑社会团伙虎视眈眈呢。不过宋江是谁，简直就是黑社会头子的克星啊，一般来说宋江所过之处的黑社会老大只有两种结局，一种是主动低头下拜口称"宋公明哥哥"，另一种就是被宋江收拾得服服帖帖的，然后被动上梁山入伙。这事情还真轮不到你不服气！

宋江那拉风的人格魅力

　　宋江从孔家庄出来，满心欢喜地要去投奔清风寨的好兄弟花荣时，却不小心被清风山的山贼们当成肉票绑上山来。当几位山贼看到宋江身上没有银两，不能为山寨作贡献，也不像个能付得起赎金的有钱人的样子，就起了杀心，认为抓个废物一点用都没有。

　　这时候宋江的长处显示出来了，原来宋老大比西天取经的唐三藏还要牛。唐僧每每被妖精抓进洞府，通常需要大叫"悟空救我"才能逃出生天，而宋江只报出自己的名字就收罗了一众小弟。

　　不明就里的清风山二当家的王英和三当家的郑天寿只看见抓上山的黑脸汉子仰天长叹一声"想不到我宋江竟然命丧于此"，然后大哥燕顺磕头就拜，比对待自己的亲爹还要恭敬。什么情况,难道抓了不该抓的人?还是燕顺老大见多识广,他告诉两位兄弟,这位宋江宋公明哥哥是江湖中人人敬仰的一条好汉,我们能请到他上山是我们整个清风山的福气。宋江也颇为得意,在生死关头居然遇上了自己的铁杆粉丝,这样的经历何其传奇。既然如此,那他就毫不客气地当上了清风山的贵客,还劝好色的王英把新抓上山的压寨夫人放掉。

"矮脚虎"王英可以说是梁山众多不近女色的将领中的另类,他好色成性,看见美女就想据为己有。这次被宋江劝阻,一是看在大哥燕顺的面子上,二是宋江承诺以后能给自己介绍一个更加美貌的老婆,毕竟刚刚抢上山的那位是已婚妇女,还是未来娱乐界小明星的诱惑更大一些。

在清风山逍遥了几天,宋江提出要去清风寨看望自己的老朋友花荣,燕顺等人不好阻拦,恭恭敬敬将他送下山去。当时花荣正担任清风寨的二把手,顶头上司就是宋江做主放了的那个女肉票的老公刘高。这下可好,住在花荣家的宋江不老实在家待着,非要出去赏花灯,结果被刘高老婆认出来这是"通匪之人",于是宋江在清风寨的好日子也到了尽头,被刘高捉了起来。

花荣可是舍得为宋江去死的铁杆兄弟,他哪里受得了宋大哥在自己地盘上被捉走的打击?哪怕刘高是自己的上司也顾不得了,花荣大怒,将宋江抢了回来。事到如今,性质可就变了。本来宋江若是清白良民的话,花荣的行为还好解释,可是刘高有人证能证明宋江在清风山这样的黑帮和山大王们一起喝过酒、吃过肉,那么花荣也就有了"勾结山贼意图造反"的嫌疑。于是，有了刘高奏请上司派秦明剿匪，而后宋江又施展魅力，将前来征缴自己的秦明、黄信乃至清风山的众匪全部收容到麾下的戏码。

　　遇上宋江，原政府序列的职业军人秦明、花荣、黄信等人有了不一样的人生路；原清风山的匪首燕顺、王英、郑天寿等人也从与梁山平级的山大王变成了宋江的小弟，死心塌地跟在宋大哥后面摇旗助威。

没有野心的老大不是好领导

　　距离清风山不远处还有两座山寨分别叫做二龙山、桃花山，这两座山寨也聚集了不少人马，后来都成了梁山的主力部队。尤其是二龙山上的鲁智深、杨志、武松等猛人，哪一个不是武艺高强、威名远播之辈？

　　说起来，二龙山的领导层大换血和梁山的情况颇为相似。当初林冲本来就看不惯王伦的小气，再加上吴用的煽风点火，一刀结果了那位白衣秀士。二龙山的第一代寨主叫邓龙，也是个本事不大、心眼挺小的"人才"。

　　当时正赶上杨志因为走失了生辰纲落魄之际，听了林冲的徒弟曹正的建议准备到二龙山上投靠邓龙，半路上遇到了鲁智深。两个强人一起上山，邓龙不知道来了得罪不得的大人物，还是一如既往地摆架子。结果鲁智深一怒就杀了邓龙，拉着杨志两个人一起做了山大王，倒也自在快活。梁山众将当中，有老大气质的人并不多，晁天王算是一个，鲁智深也算得上一个。后来武松经过张青、孙二娘夫妇的介绍也上了二龙山，成为三当家的，二龙山的实力更是暴涨。

桃花山相对来说就弱多了，看看寨主就知道这里成不了大气候。桃花山的大寨主正是鲁智深一直瞧不起的"打虎将"李忠，二寨主是一个外号叫做"小霸王"的绿林好汉周通。要知道，李忠的水平不过是江湖卖艺耍把式的三流功夫，竟然还能打赢周通坐上桃花山的第一把交椅，可见周通的外号当真辱没了项羽、孙策等被称作"霸王"的前辈们。

让二龙山、白虎山和桃花山大聚会的人是大宋名将呼延灼。这个倒霉的将军刚在梁山吃了败仗，被徐宁、汤隆等人大破连环马逃到青州，又被李忠、周通这两个上不了台面的山贼盗去了心爱的踢雪乌骓马，心中一定是怒焰滔天。他向青州知府借了两千马军攻打"最软的柿子"桃花山，没想到李忠还知道向友邦求救。于是乎，二龙山、白虎山的好汉们一起出马，打出了三山聚义的好戏。这一战是三山配合梁山一起作战，战后三山大小十一位首领又一起上了梁山。

有人说，梁山上有一个以鲁智深为首的二龙山派系由此而来。不过鲁智深这个人不好权谋，也没有拉帮结派的野心，这个派系并没有给宋江造成多大的威胁，反而经常支持宋系集团。

第三节　脸厚心黑却当上了大哥

出来混，光有靠山也不行

阮氏兄弟上梁山之前，梁山的统治权集中在四个人手中，他们分别是王伦、杜迁、宋万和朱贵，应该说他们是梁山第一代的领导核心。

四人当中，只有王伦是一介书生，外号"白衣秀士"。听听这个名字就知道王伦应该是自命不凡的一类人，没事穿一身白衣服自诩风流倜傥，实则酸腐不堪。王伦这种人能有上山落草的魄力倒让人另眼相看。不过看看他的履历，就知道此人进京赶考落第之后，曾经得到过柴进柴大官人的资助，那么他做这件事就有点顺理成章了。

我们不妨理解为王伦实际上只是柴大官人的一个代言人、一枚棋子而已。柴进一个皇族后裔，府上有大宋开国皇帝御赐的丹书铁券，人家什么没玩过？熬鹰斗狗、骑马射箭、收留杀人犯的游戏玩腻了，弄个黑社会玩玩也不错。但是碍于身份和面子,柴大官人怎么好亲自出马呢?于是比较容易控制的王伦在柴进的支持下就成了一群莽汉的第一代寨主。换句话说,出来混,没本事可以,没靠山不行。

王伦之下,有杜迁、宋万两个外表精壮威猛的粗汉,他们都是一米九左右的大个子,往人身边一站,就有一种居高临下的压迫感。王伦很享受两位"高人"做自己左膀右臂的感觉,有杜迁和宋万在,他有一种莫名的安全感。当然,这也和他眼皮子浅,没见过真正的高手到底是什么水平有关系。要不然林冲上山,他的第一反应不应该是百般刁难,而是开门接纳。

朱贵的情况稍微特殊一点,他属于整合信息的专业型人才,在梁山脚下开了一间酒店,专门打探来往客商的消息。没有油水的,就按普通客人接待;油水大的那就对不起了,正好是俺们山寨最欢迎的肉票。除了物色"肥羊",有什么形迹可疑的江湖闲汉在附近游荡,朱贵也会收集此人的信息回山,供山上讨论,这个情报站的作用很大。

当然,杜迁、宋万和朱贵论武力值都很一般。当梁山只有四位大当家的时候,他们还能排进前三名,随着人马的不断扩充,三个人的地位一降再降。林冲入伙,朱贵就自觉排在了林冲之后;晁盖上山,他们三个都被排挤到了核心圈的外围;再到宋江成为老大,凑齐了一百单八将之后,这三位三朝元老竟然沦落到了倒数第二十名的位次,仅仅比时迁、白胜、段景住等偷鸡摸狗之辈强上那么一点点。至于王伦,不是不欢迎晁天王入伙吗,直接被憋了一肚子火的林教头给火拼了事。

　　从梁山第一代寨主的遭遇我们不难看到资格老、有靠山都不能取代真本事。读了六年一年级的学生还是只会做加减法，还是一年级的水平，比不上读到三年级会乘除法的学长们。也许三年级的师兄还没有你岁数大，但人家学历高，更重要的是有实力，那就是不争的事实。

升级业务，晁盖刷名望

　　林冲杀了王伦，将晁盖送上了第二代领导层的核心。这倒不是林冲的资历本事不如晁盖，而是林教头压根就没有做山寨之主的打算。要是有这份心，他在刚上山的时候就能以雷霆之势灭了王伦，自己做老大。官场上或许还讲究个先来后到，山寨中当然要比谁的拳头够硬。

　　晁盖在林冲的热情帮助下、在吴用等老搭档的强烈拥护下、在杜迁宋万等人别无选择地支持下，越过王伦的尸首，正式成为梁山第二任带头大哥。要说领导一个中等规模的黑社会，这点能力晁盖还是有的。没上山之前他不就是郓城县东溪村的里正吗，当过村长的人担任这个职位还是绰绰有余的。

　　再说了，晁盖这个人一心结交江湖好汉，三十大几的人连个妻室都没有，这一点极其符合其他梁山好汉的胃口。在施耐庵心中，只有不近女色的男人才是真英雄。若非如此，不久的将来梁山凑齐了一百零八将之后，除了那几位曾经属于朝廷命官的降将之外，还有几个是带家属上山的？尤其是连宋江、卢俊义这样的一二把手都是戴着一顶绿帽子然后杀了不守妇道的老婆才上山的，其他人谁还有心思在山寨之中张罗娶媳妇？

不贪财、不好色，豪气干云，这些特点就是晁盖的英雄本色。他的到来，将梁山带入了良性发展的第二个阶段。原本王伦主政期间，梁山是不能总向柴大官人伸手的，他们有责任有义务自谋生路。这样，王伦这个能力一般的老大就带着众人走了一条寻常的山贼之路——打家劫舍。在这个"传统行业"当中，抢劫完毕，喽啰们经常会捎带手地把苦主解决掉，省得他们心疼刚刚失去的财帛。

晁盖上山之后，第一项改革就是将泯然众匪的"打家劫舍"兼"杀人放火"修正为"劫富济贫"。这一改动表面上看没有什么变化，实际上却让梁山走在了时代前列，有了愿景，有了价值观，一举超越了全国大大小小几百处同行，比起什么清风山、桃花山等代表了更先进的生产力。

晁盖特意向第一次下山执行任务的阮氏兄弟强调："拿了金银便可，客商的性命暂且饶过吧。"对于阮小二等人来说，第一次转行做山贼，还不太适应角色呢，能不杀人就解决问题当然好了；二来咱们毕竟是晁盖哥哥带出来的人，得给他面子。不怎么抓思想工作的晁盖可能也没想到，作为非专业的强人，自己的仁慈，竟然让梁山的名声大好，占山为王的不光彩勾当也赢得了不少的尊敬。

晁盖带来的几人除了能打的刘唐之外，还有三个现成的水军将领以及吴用、公孙胜这样的军师、谋士型人才，这个团队远比王伦时代的人才构成更加丰富、更加合理、更加具有竞争力。再加上林冲因为鄙视王伦的为人而全力支持晁天王，这也让晁盖入主梁山来得更加顺利。

当同为郓城县的名人宋江江州即将遇难的时候，已经完全掌控了山寨的晁盖毫不犹豫就带着梁山的弟兄杀将了过来，展开了一场轰轰烈烈的劫法场、救宋江的壮举。他没有想到的是昔日为自己截生辰纲通风报信的"仗义黑三郎"来到梁山之后会逐渐架空自己，甚至有可能一手导演了自己的死亡。

人犯是不能随便救的

从个人实力上来说，宋江没有晁盖面相这么好。外形突出的晁盖更具有黑社会老大气质，一举一动都有一种义薄云天的好汉之风。但当梁山成员的出身越来越复杂，主要构成不再是无业游民和黑社会成员的时候，更有政治斗争经验的宋江就显得比晁盖更加从容了。

晁盖的思维比较简单，聚一群志同道合的哥们弟兄，大家一起快意恩仇，一起吃喝玩乐，一辈子就图个自由自在、无拘无束，全然不在乎山贼的身份和不太光彩的谋生手段。

宋江不一样，这个出身大宋公务员队伍的黑脸小子上山之前就有着"招安"的远大理想。"招安"对于山贼来说算不算是更好的出路我们先放在一边，但看人家宋江早早就有这份蓝图，就知道这位"宋公明哥哥"与晁盖走的不是一样的路数。晁盖的理想是李逵这样头脑简单的莽汉的理想，而宋江的理想则能实现更多有抱负的人的终极追求。

在郓城县衙门做一个文书工作的宋江，只能算是朝廷的底层办事员，属于不入流的"吏"的范畴，还算不上有品级的"官"。但是这个黑小子喜欢参与政治，喜欢掌控权力，既然正常的路线走不通，他就要冒险试一试从反贼到官军的"招安"之路。山东河北的地界上，不少人都知道宋江的大名，因为人家做好事总是能做到点子上，而且受惠者们会自发地帮他进行形象宣传，如此一来，"及时雨"的名号无人不知，无人不晓。

再看晁盖，他当村长的时候也是个仗义疏财的主儿，但名声就是没有宋江响亮。要不后来很多人慕名上山的时候，都会拉着宋江的手磕头纳拜，直说"及时雨的大名如雷贯耳"等等，把一旁的老大晁盖晾得好不尴尬。原来晁盖做好事不分对象，凡是向他求助的人不论好歹，他都会将对方招待一番，然后送上几两纹银好上路。

宋江做得不一样的地方在于人家施恩的对象是有原则的，"宋江平生专爱结交英雄好汉"，只有"好汉"才有资格被宋江资助，没到这个级别也行，那就是老弱病残孕等弱势群体了。资助弱势群体有一个好处就是付出小，回报多。宋江只需在对方最需要的时候送上药物、棺材或者食物就够了，但得了好处的人会竭力地帮他宣传。单是"仗义疏财"这一点，晁、宋两个人的手腕高低就可见一斑了。性格决定命运，后来当他们出现权力竞争的时候，胜负其实早就注定了。

宋江从江州法场来到梁山之后，不着痕迹地将梁山分成了新旧两派。有一个画面很有意思，那就是一群人在"聚义厅"开会的时候，排排坐的位置非常值得推敲。按照常规，江湖好汉们的会议没有庙堂之上那么讲究，就是老大坐中间，小弟们围坐周边或者直接两边落座就行了。宋江没来之前，梁山也确实是这样的。

可是宋江是个讲究人，既然大家给他面子让他坐了第二把交椅，那么他就要好好行使二当家的权力，第一步就是将原本属于晁天王的嫡系和跟随自己上山的兄弟们区别开来。于是，在宋江的刻意要求下，出现了很古怪的一幕，大厅中间坐了晁盖、宋江、吴用、公孙胜四位领导，左右两边则极不平衡地分坐了晁盖和宋江的两方人马。

晁盖一方仅有林冲、刘唐、三阮以及杜迁、宋万等人，而宋江一方则有他的亲信戴宗、花荣、秦明等人外加江州刚刚结识的揭阳岭一派，人数足足27人之多。这个差异说明什么，不言自明。有人的地方就有江湖啊，这句话果然不假。一个山寨出现两位老大，摆明了告诉手下们要认清形势，站好队。

遗言也挡不住宋黑子上位

晁盖之死也颇有看点。宋江在山寨的威望愈来愈高，支持率越来越高，在山下的知名度也随之水涨船高，晁盖不死的话，故事就不好往下进行。没办法，作者只能安排晁天王在攻打曾头市的过程中被暗箭射伤面门，不治而亡了。晁盖的死换来了宋江成为名副其实的梁山老大。其实，之前大家也都心知肚明，晁盖的一举一动早就在宋江的掌控之中了，这一次不过是水到渠成的结果罢了。

看看前面梁山的几次军事行动，晁盖一说要亲自出征，宋江就百般劝阻，说什么"哥哥身为老大，您的安危最为重要。万一您要有什么闪失，梁山就没有主心骨了"。就这样，晁盖丧失了一次又一次下山扬名立万的机会，而宋江不但大出风头，还在每一战斗中收拢了不少新的战将。

直到曾头市这块难啃的骨头出现的时候，晁盖和以前一样争取下山的机会，宋江这回反倒不劝阻了，随他去了。可以想象，晁盖当时有多么无奈。谁都知道曾头市是一场硬仗，他不过是做做样子说要亲征罢了，本以为宋江还会像以前一样死死劝阻呢，到时候自己就"恭敬不如从命"，岂不美哉？谁知道宋黑子那么精明，愣是没给他反悔的机会。

箭到弦上不得不发，不管晁盖是不是真心出征，他都只有出征一条路可走了。哪怕出发之前出现了大风吹断旗杆这样不祥的征兆，也没能阻碍晁盖走上一条死亡之路。曾头市果然难打，本来晁盖的亲信就少，山上等候消息的宋江不知道出于什么考虑，也没有派出兵马前来接应，只看着晁盖节节败退。最为蹊跷的是，晁盖在败退过程中被一支暗箭射中，中间部位不是后背而是面门。不少人对此有过疑心，但因为箭杆儿上刻着敌将史文恭的大名，大家也不好说什么。

也有脑子好使的私下想过，敌人既然是搞偷袭，为什么还要在箭杆儿上留下记号呢？还有就是史文恭那么一个武艺高强、心高气傲之人，怎么会无耻到往箭上涂抹毒药的地步？最可能的就是曾头市方面如果知道射中梁山一号首领的话，怎么会没有大张旗鼓的庆祝活动呢，难道他们会善良到为晁盖之死而降半旗致哀吗？

不管怎么说，晁盖回到山上就知道自己死期将至了。他临终之前留下了遗言，这句遗言在宋江听来非常不是滋味。晁盖拉着宋江的手："贤弟，谁人能捉住射伤我的贼人，就让谁做梁山之主吧。"看来，晁天王虽然身中毒箭，但心里明镜儿似的。他不说谁捉住史文恭就让谁当老大，而是用"射伤我的贼人"来代替，可见天王心中还是怀疑自己是被"自己人误伤"的。

有了这句遗言，宋江脸皮再厚，也不能马上就宣布自己要做山寨老大。李逵再缺心眼，也知道此时不能瞎说。晁天王尸骨未寒，盯着活着的这群人呢。你不让我做老大，我就没办法了吗？事实证明宋江对待晁盖向来就是技高一筹。既然你留下了遗言，让武功高强到能活捉史文恭的人来做这梁山之主，那我就给你找去。咱们山上林冲、呼延灼等人或许有这个实力，但我不给他们机会，最好是找一个外人办成了这件事，看看谁还有话说？

就这样，晁盖的身后事被"代理老大"宋江冷处理，他只是大办丧事，但绝口不提报仇之事。等到弟兄们将晁天王之死的不良影响消化得差不多了，宋江还是没有二打曾头市，而是大费周折，忽悠起"玉麒麟"卢俊义员外的上山事宜。

卢俊义的武功是梁山好汉所处的时代公认的第一，比起寻常武将高了好几个等级。等他上得山来，再把捉住史文恭替晁盖报仇的任务交给他岂不两全其美？第一，给老大报仇了，算是不负众望；第二这个人能实现老大的遗嘱，打败史文恭，那咱们就把他当新老大看待吧。

可是这样一来，众人怎么可能答应呢？卢俊义财富再多、名声再亮，也是刚刚入伙的新人啊，让俺们认他做老大有点别扭。还是宋公明哥哥转正吧。卢俊义看到宋江把老大的位置让给自己，他也不敢接啊，哪有一来就抢人家位置的道理？卢俊义对梁山老大的位置死活不受，宋江"无奈"，只好接受大多数人的建议，正式成为梁山的第三代当家人。

至此，水泊梁山三代领导人之间完成了权力交接，梁山在宋江的统领之下，走向巅峰。同样，巅峰过后，只有下坡一条路好走了。"招安"就是这样一条路，实现了少数几个人的人生追求，也葬送了绝大多数人的生命。

随着"招安"这件关系山寨命运的大事件的出现，梁山的圈子再次面临被打乱重新编排的局面。

第四节 一个缺爱少情的男人帮

主仆情深

世人通过施耐庵老爷子，认识了一大群虎虎生风的江湖奇男子。他们大碗喝酒、大块吃肉、大秤分金银，好不潇洒；他们啸聚山林、捉弄贪官、对抗政府，好不痛快。这些天南海北聚到一起的结义兄弟们最令人称道的还不是这份痛快和潇洒，而是兄弟之间的仗义、忠义和恩义。梁山好汉，"义字当先"，这才是梁山故事传诵不衰的根本。

非要说这一百零八个人个个都讲义气，也不尽然，但有一些人、一些段子确确实实感天动地，让人不吐不快。比如浪子燕青对于卢俊义的忠义、花和尚鲁智深对林冲的情义就算流传千年也不会褪色。

梁山人多，各种关系也是错综复杂，有兄弟、有朋友、有叔侄、有夫妻，也有主仆。其中风流倜傥的燕青帅哥和玉麒麟卢俊义就是非常典型的主仆关系。你看梁山诸人都是兄弟相称吧，黑李逵一口一个"宋公明哥哥"叫得多么亲切。可是燕青跟着卢俊义上山之后，却从来没随大流，跟着别人一起称呼卢俊义为"哥哥"。他叫什么？叫"主人"，自始至终都是"主人"。可以说，燕青就是一个典型的忠仆。

平日里跟随主人殷勤伺候也还罢了，最重要的是当卢俊义落难，燕青舍命相救那一段确实令人感动。卢俊义被吴用设计骗上梁山，回来之后却发现昔日的心腹燕青已经流落街头乞讨为生了。原来卢董事长走了之后，他的能干的管家李固已经勾搭上了年轻美貌的女主人，两人合伙把碍眼的燕青赶了出来。

凭燕小乙的才情，到哪里混不出一口饭吃？想当年高俅高太尉不就是一个街头混混，因为足球踢得好才令端王重用的吗？燕青若是到了都城东京，随便显露一下琴艺、歌喉或者吟诗作赋的本领，必然能搭上一条达官显贵的路子。

可他没有，他宁可乞讨也要等主人回来，然后告诉他家里很危险，速速躲开避难才是。可惜卢俊义不听他的，非要回家，结果不但有一定绿帽子在等着自己，还有一场通匪的官司正在找上门来。

卢俊义被充军发配，暗中护送的还是燕青。当董超、薛霸两个"尽职尽责"的押运要向卢俊义下毒手的时候，燕青的弩箭破空而至，解决了这两条连林冲、卢俊义都敢得罪的大蛀虫。

卢俊义无奈之下上梁山落草，也是燕青忙前忙后，帮主人争取到了第二把交椅的地位。招安大计的实施过程，又是燕青忙前跑后，其中除了表示自己是梁山一份子要自觉出力之外，未尝没有给主人长脸、让他高兴的意思。

宋朝失恋阵线联盟

　　梁山一百单八将，各怀神通。可是说起性别比例，却是严重的阴阳失衡，怪不得有外国作者翻译《水浒传》的时候介绍为"一百零五个男人和三个女人的故事"。笑过之后，我们一起来看看这群抱着不同的理想上山的好汉们在对待男女关系或者说对待感情上究竟抱的是什么态度。

　　三位稀有的女将肥水不流外人田，都嫁给了山上的弟兄，这一点就不提了。当然，在外人看来，他们三对夫妻也不见得有多么般配。美貌如花的扈三娘嫁给又矮又色的王英委实屈才，孙新和张青的老婆顶着"母夜叉"和"母大虫"的恶名，很显然这两位仁兄都是"妻管严"。但是夫妻相处，只要当事人不反抗，或者不向外张扬，外人再看不过眼，也只能暗叫可惜。

　　除了这三对职场夫妻之外，梁山上的降将派系成员大都是有家眷的。前朝廷高官若是没有娇妻幼子，才是怪事。可是除了这些少数阴阳协调的家庭之外，其他人大都是光棍一条了。这也是梁山的传统使然，第一代王伦他们几个就是独身，第二代晁盖等人上山，也都是一人吃饱全家不饿，好容易等来了宋江做大哥吧，这个人偏偏又是手刃了自己的二奶才被逼上山来的,对女色那是敬而远之。有了这几位当家人的榜样作用,让很多光棍汉都有了"女人是老虎"的明悟。

水浒当中最有名的女人应该非潘金莲莫属。这位潘大美女生得美貌,死得凄惨,最有发言权的武松应该从嫂嫂的故事中锻炼出了对娇美妇人的超强免疫力。狮子楼的惨剧令武松扬名的同时,也让武二哥后来的"同事们"知道了面若桃花的美女也可能心如蛇蝎。哪怕出于对武大郎之死的畏惧,也打消了梁山一部分人娶妻生子的念头。媳妇漂亮了,忠诚度就得不到保障,唉,不如不娶。

还有一个杨雄,也是梁山失意阵线联盟的主力。他是堂堂蓟州监狱的监狱长兼行刑队长,因为工作繁忙经常加班,老婆竟然勾引了寺里的和尚到家中私通。要不是结义兄弟石秀发现了此事,恐怕整个蓟州城人尽皆知的时候,为人木讷的杨雄也会被蒙在鼓里。石秀为了保全杨雄的名声,不忍将此事大白天下,告到官府去,反而带着杨雄动用私刑,杀了奸夫淫妇,避祸梁山。

还有两位梁山好汉也有同样的经历。宋江杀惜的旧事就不说了,阎婆惜不喜欢黑脸且不解风情的宋押司,偏偏爱上了宋江身边的小白脸;卢俊义年轻美貌的娘子和管家私通,给他戴了一顶绿油油的帽子不算,她们还侵吞了他万贯家产,将他逼上梁山,这样的蛇蝎女人果然要不得。

所有梁山好汉的老婆都是荡妇淫妇吗?非也。最起码林冲的夫人林娘子就是一位贞洁烈妇。可惜的是林娘子生得太过漂亮了,她没想勾引任何人,却不能阻挡别人追求自己的脚步。尤其是当追求者还是自己老公的上司的上司的衙内时，林冲的悲剧人生就此开始了。用一个不太恰当的词语来说，就是"匹夫无罪，怀璧其罪"。林娘子根本不想多生事端，可天生一副好容貌是自己改变不了的，被高衙内看中是她无法左右的事情。

几位大哥现身说法，亲自验证了"红颜祸水"的千古真理，其他单身的好汉们还有几个有胆量敢娶个老婆试试？

仗义的哥们儿

晁盖死后，宋江马上把原来的"聚义厅"改为"忠义堂"。一个原本草莽气息颇重的聚会场所就成了效忠朝廷的微型庙堂。有人说，宋江版的"忠义堂"其实就是一个缩小了的白道小朝廷。如此一来，梁山口口声声追求的"正义"、"忠义"、"替天行道"都变成空话了吗？也不尽然。

在这些好汉当中，还是有不少小小的圈子始终保持了同生共死的冲天义气。林冲野猪林遇险，若不是鲁智深仗义出手，哪有后来上梁山的机缘？卢俊义深陷大牢，若是没有拼命三郎石秀的拼死相救继而几个月的日夜相守，梁山二哥的未来何在？以上几位都是梁山的明星人物，他们的故事无须赘述。这里就讲一讲不太出名的几个配角，少华山诸位老大的小段子。

陈达、杨春原本是一个叫做少华山的小黑帮的寨主，

"九纹龙"史进上山之前，他们是这个小黑帮二当家和三当家的。他们的大哥就是梁山"七十二地煞"当中排名第一位的神机军师朱武。要说起少华山的辉煌过往，还真是说来话长。

不说别的，就看晁盖、吴用等人谋划着打劫杨志的生辰纲的时候，王伦还在组织员工打劫山下过往的客商的时候，少华山在做什么？人家已经敢打华阴县城的主意了。从这一点来看，陈达、杨春混黑道的资历还是可圈可点的。

混黑道哪里有自己种粮、织布的道理？缺吃少穿的时候他们只有打劫一途。不过这少华山三位当家的还真是生猛，根本看不上打劫过往客商的买卖，直接动了打劫华阴县城的心思。可是要打华阴县，必经史家庄。

这史家庄的少庄主就是那个在身上纹了九条青龙的"富二代"史进。史进的一身武功是前八十万禁军教头王进传授的，比起陈达、杨春这些三脚猫的功夫不知道强了多少倍。所以当陈达傻乎乎地要攻打史家庄的时候，几个照面就被史进抓了起来。

这个时候就能看出有军师的好处了。朱武的谋略应该和吴用是一个级别的，对付史进这样的无知少年还不是手到擒来？他分析硬拼肯定不行，倒不如以情动人，以柔克刚。他和杨春两个人就负荆请罪，亲自来到史家庄请求史进将自己兄弟三个一同报官，还大义凛然地朗诵"同年同月同日死"这样的豪言壮语。

史进果然吃软不吃硬，看到这三个土匪头子如此讲义气，马上就将人放了，彼此之间还称兄道弟起来。放虎归山之后，少华山还时不时地送点礼物回馈史进的仗义，甚至两方还有书信往来。很显然，他们礼尚往来的礼物和书信都成了史进通匪的铁证，不想落草也难了。

当技高一筹的史进上山之后，朱武"大度"地让出了老大的位置，虽然他有运筹帷幄之能，但功夫比起史进来差得远了。大哥都让贤了，陈达和杨春那就没二话，很自觉地顺延到了老三和老四的位置。由此可见，不光梁山的人会"赚"人才上山，少华山做这种事的水平也算得上高水准。

技不如人，这两位大哥也没觉得跟在史进后面做小弟有多丢人，但是当史进因为与鲁智深有旧，想率部投靠梁山的时候，两位仁兄还是犹豫了一下的。犹豫的结果是"理想服从现实"。如同当初拱手让出山寨二、三当家的地位一样，他们两个再一次很识时务地妥协了，不太情愿地跟着史进和朱武上了梁山。

上山之后的陈达、杨春一直表现平平，非常符合自己跑龙套打酱油的角色。他们的职务是梁山马军小彪将，这已经是马军当中的第三个等级了，即便这样，他们哥俩也勉强分配到了倒数第三、第四的位置。

这两个人作战能力一般，性格特别一点也能提高知名度不是？王英的好色、时迁的好偷虽然为人不齿，不过这两个缺点也成了他们的标识，人人皆知。偏偏这两位还挺安分守己，性格也不是特别引人注意。

陈达、杨春最聪明的地方体现在他们有自知之明。他们上山之后，发现这里凡是有本事的人必然有脾气，很多时候，这个本领和脾气是成正比的，所以他们安分守己，牢牢抱团，尽量不出来惹人注意，惹是生非。所以大家看到的陈达和杨春几乎是梁山上最为牢固的组合之一，那是因为他们害怕落单而不离不弃。不管是做花荣的跟班还是林冲的副将，两个人始终并肩战斗在一起。

　　征方腊的一场战役中，两个人同老大史进一起被敌方的乱箭射死，用生命演绎了什么叫"同生共死"的兄弟情义。梁山诸多英雄们不管识字不识字的，对"同年同月同日生，同年同月同日死"这样的句子都不陌生，可真正做到的除了这一对跑龙套的难兄难弟，还有几人？

第五节　"梁山集结号"的命运

大宋版的"五月花号"

　　四百年前的一个秋天，英国一条普通海船悄然离开了港口，驶向了未知的新大陆。当时并非适合远航的季节，那条船用来漂洋过海也实在勉强，实际上就连船上的老水手们也都怀疑这次旅程能否顺利到达彼岸。

　　船上载满了失意的人，他们有在英国本土备受迫害的清教徒、破产者、流浪汉以及家属，这些人因为在旧世界找不到合适的位置，不得不怀着理想，背井离乡，去遥远的海外寻找一片新天地。经过两个多月的海上生活，经历了海浪、风暴、疾病、饥饿等一系列的绝望之后，这群人终于看到了令人欣喜的海岸线，成为这片新大陆的征服者。这条船就是大名鼎鼎的"五月花号"，这群人则是美国大陆最为著名的早期移民者。

　　在"五月花号"出航的五百年前，中国宋朝的苏州港也有一条不起眼的海船出海了,他们的目的地是位于东南亚的暹罗等国。船上载的是四位刚刚参加完一场大战的英雄们。与"五月花号"上的清教徒们相比他们不算失意人,他们是被朝廷招安的梁山好汉,打败了本质与自己一样的"反贼"方腊,按照程序应该回开封接受封赏了。

老大宋江都回去了,可这几个人却"不识好歹",白白浪费了拿命换回来的封妻荫子的机会。事实证明,回去准备领赏的弟兄们并没有得到想要的结果,相反,还有几位老大反倒得到了毒酒一杯,命丧黄泉。其他人则是返乡做生意的做生意、种田的种田,甚至还有人继续占山为王,干起了老本行。只有这几位超脱的人改变了自己的命运,到海外开创了一片新的天地。

这个小圈子的首领叫李俊,他到暹罗之后,凭借自己在梁山管理水军的经验逐步获取兵权,竟然成为这个热带国家新的国主。这个结局相对于其他人或出家或战死来说,实在是好得不像话。要让从前的兄弟们听到了,第一反应必定是大骂李俊这小子走了狗屎运,然后会比较公正地表示这小子一向善于审时度势,有此荣耀,也是应该的。

说到梁山好汉,大多数人在赫赫有名的一百单八将中能想起宋江、李逵、武松、鲁智深等人,对李俊这位"天寿星"却不太熟悉。李俊,人送外号"混江龙",一听名字就知道此人水性必然了得。确实如此,他原本是浔阳江上的艄公兼私盐贩子,上梁山之后担任水军大都督一职,是名副其实的梁山水军第一人。我们比较熟悉的张横张顺、阮氏三雄都是李俊的得力干将。

这个人在一百单八将当中排名二十六位，属于三十六天罡当中的"天寿星"。有一个"寿"字当头，可以知道这个人的命数相当好，最起码能够长寿。征方腊一战死了多少人，幸存下来的人又有几个人能平安终老？李俊却成了异数中的异数，竟然漂洋过海到暹罗做了国主，这份奇遇、这份浪漫、这份胆量和勇气，几人能有？

官府也重视技术人才

梁山一百单八将聚齐后，可谓人才济济。尤其值得一提的是，除了能上阵杀敌的雄兵猛将之外，这里还聚集了不少技术类、专业型的人才，像擅长相马的皇甫端、火炮专家凌振、"当世华佗"安道全、金石雕刻家金大坚、"圣手书生"萧让、职业裁缝侯健等人。这些人在梁山不可或缺，每个人都是独当一面的专才。但是，这些人的地位也有点尴尬，排名最为靠前的萧让不过是四十六位，三十六天罡是一个位次也没占上。

这几位人才都不太喜欢拉帮结派，每个人都有点遗世独立、清者自清的气质。也许还有一种可能，就是并非这些人对名利不感兴趣，而是已经成型的小团体们并不重视他们，没有人主动招揽他们加入而已。说起来命运也是奇怪，没有了小圈子的束缚，没有了"同年同月同日死"的誓言的牵绊，这些人中的绝大部分在经历了"被招安"之后竟然安然无恙，并且凭借自己的一技之长在宋朝的政府系统谋到了适合自己的职位。

其中，漂白最成功的幸运儿当属神医安道全。这位安大夫本来只是建康府一位颇有名气的医生，因为宋江背上长了毒疮，才被张顺掳上山来。当时吴用是给了张顺一百两黄金让他去请神医的，可是神医不给面子，离不开相好的李巧奴小姐，死活不肯上山。

张顺可是宋江的嫡系，一看安道全不识抬举也来了脾气，将李巧奴连同老鸨一块杀了，还在墙上题写了"杀人者，安道全"几个大字。反正这种逼良为匪的事情梁山没少做，多做一次也无妨。安道全无奈，前有巧奴姑娘的尸首，后有张顺雪亮的刀刃，不上山又该当如何？

这个故事再次说明只要被梁山看上的人，基本上没有第二条路可走。识相的，就乖乖上山；不识相的，说不定就要家破人亡。不过要说安道全上山倒也不是全无所获，他在梁山治好了不少兄弟的疑难杂症，自己的名声也随着梁山声威的壮大而壮大。到了攻打方腊的时候，连宋徽宗都知道了梁山这位神医的大名，竟然从前线把他召到了皇宫做了御医，可谓一步登天。

看来"男怕入错行"这句话还真是放之四海而皆准的道理，安道全凭借过硬的医术，不管是在民间、在黑帮还是在宫廷，都备受重视，羡煞多少入错行的其他好汉。

乐和、萧让、金大坚、皇甫端等人虽然也都和安道全一样到宋廷谋了一份正式工作，但比起宫廷御医的角色多有不如。乐和在宋徽宗的妹夫王都尉府中做清客，萧让更是在梁山口口声声要讨伐的奸臣蔡京门下做门馆先生，估计他们的待遇与梁山并无二致，只不过换了一个环境而已。唯一值得安慰的是，更多的弟兄不是沙场战死就是染时疫而亡，他们能够活下去并且能够比较体面地活着，就是最大的幸运了。

山贼群中的出家人

小说家眼中，梁山众人都非常人，他们武艺高强、个性鲜明，乃是绝佳的写作素材；朝廷命官眼中，梁山这群人无法无天、聚众闹事，扰乱社会治安，危害国家安全，其罪当诛；市井无赖眼中，梁山好汉们的日子实在是太滋润了，若是自己有一技之长，真想随着众位英雄一起喝酒吃肉、快意恩仇；普通良民眼中，这群人都是不守礼法的猛人，不可轻易得罪也不能随便就加入，毕竟一入梁山，终身为贼，名声不好……

可是，有多少人想到过这样一个孕育了猛人、好汉、山贼、英雄的摇篮中竟然还走出了几位出家人？

"花和尚"鲁智深的前半生"酒肉穿肠过"的状态不算，但梁山解散之后他潜心修行，竟然坐化而终。尽管鲁智深最初投靠五台山是因为打死人命，不得不避祸寺院，而且身在寺院，他也不是什么遵守清规戒律的好和尚。但是毕竟被佛经、木鱼熏陶了许久，当他厌倦了凡俗尘世时，第一选择必然是皈依佛门。

　　"行者"武松性情狂野，杀人如麻，断了一臂之后心灰意冷，到杭州六和寺出家，活到了八十岁高龄。武松按说是梁山众多好汉当中杀气最重的一位了，血溅狮子楼的残忍场景没有几个人能够等闲视之。他上山落草，没有人觉得意外。因为看透了官府的黑暗本质，武松也是梁山反对招安最为强烈的声音。

　　尽管出于对宋江的尊敬，他也屈服于招安大计，但曾经的打虎英雄在四处征讨的过程中几乎没有任何出彩的表现，是他的作战能力下降还是有意敷衍？大家不妨见仁见智，猜度一番。征方腊成功之后，武松没有选择回京领赏，而是留在了杭州，钻进了六和寺，做了一位真正的出家人。

　　"入云龙"公孙胜本来就是个半仙一样的人物，不仅会做法，还能破除敌人的妖法，这样的人才当然不会死于乱战之中。结果也是如此，宋江这边刚刚招安，他就提交了辞职报告，带着徒弟樊瑞安心修道去也。

　　仔细剖析一下公孙胜出家的原因，也是颇有意思的。想当初，公孙胜是和晁盖一起劫了生辰纲，又一起上的梁山，不论在谁眼中，他都是晁盖的铁杆嫡系。可是，后来那位手段远超晁盖的宋江来了，公孙胜的日子就不太好过了。刘唐、白胜、阮氏兄弟还好说一些，他们的排名在梁山核心圈之外，感受不到里面的暴风骤雨。

　　可是三当家的吴用和四当家的公孙胜那是相当的尴尬。吴用本来以机智著称，与晁盖、宋江都是老乡，他成为两面派还说得过去。公孙胜就没有这个便利了，他不摆出一副神神道道、一心出家的姿态来，怎么在梁山立足？可见，公孙

胜一心好道也不完全出于天性，一半倒是环境逼的，不得不
如此。

　　由入世而出世，由积极参与尘世到避世修行，由放下屠
刀至立地成佛，这几位高人可算是参透生死，心如磐石。梁
山真是一个奇妙的染缸，能在乱到极致中培养出几位世外高
人，当真是意外收获啊。

同行不同命的兄弟们

　　伴随着宋江大哥梦寐以求的"招安"大计的实现，梁山
绝大多数的兄弟们陷入了水深火热当中。尤其是南征方腊一
战，死伤无数，幸存者寥寥无几。水军人才们可以漂洋出海
另觅新天地，技术人才能各展所长，重新上岗再就业，更多
的兄弟们却无法避免命运加诸己身的悲剧。

　　阮氏兄弟最早依附晁盖大哥，算是梁山水军的元老级人
物了。可惜晁天王死得早，而且不擅长政治斗争，结果宋江
上位之后，兄弟三个的日子并不太好过。宋江派系挤兑了天
王派系，作为天王嫡系的阮氏兄弟自然不会混得太好。虽然
他们的资格老，但宋江从江州带来了李俊、张横、张顺等同
样精熟水性的水匪们。

　　从梁山水军的座次就能看出晁天王的嫡系和宋公明的
嫡系有何差别了。看来站队这事不光公务员们需要考虑清
楚，就连当山贼也不能忽视入对圈子这个极其耗费脑细胞的

大事。

梁山水军一号首领李俊，二号阮小二，三号张横，四号阮小五，五号张顺，六号阮小七。有意思吧，宋江的三位嫡系人马一三五，正好把阮氏兄弟隔开，让他们一人被压一头，永远处在了二四六的位置。

几个人最后的结局也算有趣，二三四五号都在征方腊的战斗中牺牲了，只有李俊和阮小七幸存下来。李俊造船出海，到东南亚继续称王称霸，阮小七却只落得返回石碣村继续打渔做良民的日子。只是经历过做山贼、被招安、做炮灰的阮小七绝对不会像以前一样赌博成性、惹是生非了，他肯定会夹起尾巴老老实实地做一个真正奉公守法的良民！

李逵介绍到山寨的几个人也是命运不济。朱家兄弟没有死在征方腊的战场之上，却因为感染了战场的瘟疫，客死在了杭州城。杭州，那是离山东老家很远的地方，哥俩应该是死不瞑目吧？

遇上李逵，对于焦挺来说不知道是福还是祸。幸运的是他在李逵这儿终于找到组织了，而且还是江湖上数一数二的超级大山寨，能跟着宋江、卢俊义等呼风唤雨的人物一起并肩战斗，焦挺十分骄傲。同样也是因为上了梁山，不久就遭遇了招安之后征讨方腊的大战，可怜的焦挺冲在最前面阵亡了。

现代人对水浒众好汉念念不忘，于是有了《QQ水浒》这款游戏。游戏的制作者还发现了焦挺除了相扑之外的另一优点，就是适合做肉盾。他是游戏设置中血最厚的武将之一，用他来做第一道防线，一般来说不会吃亏的。可能宋江和吴用也发现了焦挺这一特点，攻打方腊时把他放到了最前面，结果肉盾到底是肉盾，为别人挡了刀箭之后，名字出现在第一轮死亡名单上。

当鲍旭战死的时候，请注意，李逵哭了。李逵的眼泪还是比较珍贵的，征方腊的时候，梁山死了那么多弟兄，宋江几乎个个都哭，但让李逵掉泪的只有鲍旭一人。

从李逵和鲍旭身上，我们体会到在粗人的世界里，只有自己的同类才是最可亲近的，其他人都是浮云。